Roger Prott/Annette Hautumm

12 Prinzipien

für eine erfolgreiche Zusammenarbeit von Erzieherinnen und Eltern

verlag das netz

Betrifft KINDER extra

Vorbemerkung

In den ersten Lebensjahren eines Kindes sind seine Eltern fast immer die wichtigsten Bezugspersonen. Daneben baut das Kind auch zu anderen Personen – Kindern und Erwachsenen – Beziehungen auf. Manche dieser Erwachsenen treten aus beruflichen Gründen mit den Kindern in Kontakt. In der vorliegenden Broschüre werden sie einheitlich *Erzieherinnen* genannt. Sie sind für die frühkindliche Förderung zuständig. Das heißt, über gewisse Zeiten des Tages hinweg und in Ergänzung zum Elternhaus sorgen sie für das Kind, erziehen es und gestalten Bildungsangebote.

Es ist unumstritten, dass die grundsätzliche Übereinstimmung in den Zielen und Werten von Erzieherinnen und Eltern die Entwicklung von Kindern fördert, wohingegen Spannungen und unterschiedliche Auffassungen über die Grundsätze der Förderung den Kindern zum Nachteil gereichen. Dabei ist von geringem Belang, ob die Unterschiede offen liegen oder – da keine Seite sie bisher wahrgenommen hat – im Verborgenen wirken.

Für Kinder entscheidend ist die grundsätzliche gegenseitige Akzeptanz der Erwachsenen. Selbst wenn Erwachsene unterschiedlich handeln – so lange ihre Handlungen eindeutig zuzuordnen sind, werden Kinder dadurch nicht in Loyalitätskonflikte gestürzt. Sie können das unterschiedliche Verhalten von Eltern, Großeltern oder eben auch von Erzieherinnen durchaus annehmen und damit umgehen. Wenn Unterschiede sich jedoch in Gegensätzlichkeiten auswachsen, leiden Kinder darunter. Für die Erzieherin, die den Auftrag hat, Kinder in einem Gruppenangebot zu fördern, ergibt sich daraus die Notwendigkeit, grundsätzliches Einverständnis der Eltern mit ihrer Arbeit herzustellen, damit den Kindern Konflikte erspart bleiben. Darüber hinaus muss sie einsehen, dass all ihre pädagogischen Bemühungen gegen den Willen der Eltern nicht erfolgreich sein können. Ihr fachliches Handeln und der Wille zum Erfolg gebieten daher die Abstimmung mit den Eltern.

Diese Abstimmung unterschiedlicher Auffassungen erfordert in Kindertageseinrichtungen[1] den regelmäßigen Kontakt zwischen Erzieherin und Eltern. Eine Auffassung, die nach unserer Kenntnis weithin geteilt wird. Darüber jedoch, welchen Inhalts die Kontakte sein und mit welcher Regelmäßigkeit sie stattfinden sollten, gibt es viele verschiedene Ansichten. Sie variieren mit den kulturellen Traditionen, mit dem jeweiligen Arbeitsauftrag der Erzieherinnen oder mit den Möglichkeiten des Alltags.

Aus der Notwendigkeit zur Abstimmung der gemeinsamen Grundauffassungen von Erzieherinnen und Eltern rührt der Gedanke, dass beide Seiten zusammenarbeiten sollen. Verbunden mit dem Anspruch gegenseitiger Akzeptanz, wird der Gedanke zugespitzt in der Forderung nach Partnerschaft zwischen Erzieherinnen und Eltern – die leider vielerorts so schwierig umzusetzen ist.

[1] Dieser Begriff steht im Folgenden für alle institutionellen Formen frühkindlicher Förderung, in denen speziell qualifiziertes Personal zusätzlich zur Erziehung in der Familie mit Kindern arbeitet.

Elternarbeit – eine falsche Orientierung

In meiner Ausbildung zum Erzieher lernte ich, dass *Elternarbeit* Teil des beruflichen Handelns ist. Man verstand darunter im wesentlichen die Durchführung von Elternabenden zu bestimmten Themen, die davon abhingen, welche Probleme das Fachpersonal identifiziert hatte. Beliebt waren Themen,

- die auf einen (unterschwelligen) Konflikt mit den Eltern eines Kindes zurückgingen, aber als allgemein interessierende Themen für alle Eltern präsentiert wurden, um direkte Auseinandersetzungen zu vermeiden;
- die abweichendes Verhalten von Kindern behandelten;
- die die Eltern indirekt aufforderten, ihre Kinder stärker im Sinne der Kindertageseinrichtung zu erziehen, denn dort arbeiteten die Fachleute, die aus ihrem Sachverstand heraus genau wussten, was richtig war.

Themen in dieser Reihe waren »Das auffällige Kind«, »Konsequente Erziehung«, »Aufsichtspflicht und Sicherheit«, »Schulvorbereitung« oder »Strafe in der Erziehung«.

Auch der informelle Austausch zwischen Tür und Angel über die wichtigsten Begebenheiten des Tages gehörte zur idealen *Elternarbeit*. Ich frage mich aber, ob diese Kommunikationsform vielleicht nur erfunden wurde, um zu verschleiern, dass Eltern der Zutritt zum Gruppenraum verboten war.

Es mag an der Zusammenfassung liegen, dass diese Aufzählung überzogen erscheint. Ich kann jedoch versichern, dass auch wir damals die Eltern unterstützen wollten, uns sogar als ihre Partner verstanden, die für jedes Kind nur das Beste wollten. Wir lasen Bücher und besuchten Fortbildungsseminare, die zusätzliche Formen der *Elternarbeit* oder Tipps für die ansprechendere Gestaltung von Elternabenden vermittelten. Wir achteten darauf, wann Fußballübertragungen stattfanden, um nicht von vornherein auf die Väter verzichten zu müssen. Wir diskutierten, ob Bier und Wein ausgeschenkt werden dürfen oder ausschließlich Tee, Wasser und Saft. Aufgelockerte Sitzformen, passende Stühle für Erwachsene, jahreszeitliche Raumdekorationen, Anfangs- und Endzeiten – all das und vieles andere berücksichtigten wir. Es wird noch heute darüber gesprochen und geschrieben, obwohl das Thema nun *Zusammenarbeit mit Eltern* oder gar *Partnerschaft zwischen Eltern und Erzieherinnen* heißt.

Was ich damals nicht wusste, war, dass organisatorische Fragen geklärt werden müssen und dass Gedanken zur Planung und zum Verlauf von Elternabenden nützlich sind, dass vor allem aber eine andere Haltung nötig ist, wenn man als professioneller Erzieher oder professionelle Erzieherin Eltern erreichen will. Ich lernte, dass meine fachliche Sicht auf die Erziehungsprozesse zwar eine andere, doch keineswegs eine höherwertigere war. Als Hobbyfilmer hatte ich es leicht, die Kinder und den Alltag der Einrichtung festzuhalten, doch es war nicht die Technik, die die Eltern faszinierte, es waren ihre Kinder und die Transparenz der pädagogischen Arbeit.

Später erfuhr ich, dass auch die scheinbar offensichtliche Grundlage des Zusammentreffens von Eltern und Erzieherinnen zwischen ihnen geklärt werden muss, denn diffuse Vorstellungen hierüber sind Ursache vieler Missverständnisse. Zum Beispiel muss deutlich zwischen Grundbedingungen und Zielen unterschieden werden. Wer dies tut, erkennt, dass *Vertrauen zwischen den Erwachsenen* in der Regel erst durch gemeinsame Erfahrungen wächst, andernfalls bleibt es eine ideelle Verpflichtung. »Hab Vertrauen!« ist eine Aufforderung, die ähnlich unmöglich zu erfüllen ist, wie »Sei spontan!«. Selbst das bewusste Überwinden von Angst oder Misstrauen lässt noch kein Vertrauen entstehen.

Der Auftrag

Heute arbeite ich als freiberuflicher Referent im Arbeitsgebiet Frühkindliche Förderung in Kindertagesstätten. Vor einiger Zeit erreichte mich eine Anfrage der Bernard-van-Leer-Stiftung in Den Haag, ob ich einen einführenden Vortrag zum Thema *»Partnerschaft zwischen Erzieherinnen und Eltern«* auf der 4. Jahrestagung des »Regionalen Netzwerks für Frühkindliche Erziehung und Entwicklung für Zentral- und Osteuropa«[2] halten wolle. Ich sagte zu.

Erst nach und nach ging mir auf, was meine Zusage bedeutete. In Anbetracht der Vielzahl teilnehmender Staaten, deren Situationen auf dem fraglichen Gebiet ich beileibe nicht alle kannte, suchte ich nach etwas Verbindendem, das tragfähig, interessant und weiterführend sein könnte. So entstand die Idee, Prinzipien aufzustellen, die – über Ländergrenzen und Kulturkreise hinweg – Erzieherinnen helfen könnten, Partnerschaft mit Eltern zu entwickeln.

Es war klar, dass vor allem Fachkräfte an der Konferenz teilnehmen würden, und so versuchte ich, ihre Position einzunehmen. Sofort tauchte die Frage auf: Was wird in diesem Rahmen unter *Partnerschaft* verstanden? Welche Art Partner sind Eltern und Erzieherinnen? Sollen sie sich wie Geschäftspartner verhalten? Professionell ja, aber geschäftstüchtig wohl eher nicht. Sollen sie sich wie Sparringspartner verhalten? Dann müsste einer der Beteiligten der Champion sein, der den Trainingspartner locker k.o. schlagen kann – auch kein brauchbares Bild. Sind Eltern und Erzieherinnen Beziehungspartner? Nein, sie müssen sich nicht lieben, aber ... Ja, sie sollen zusammenarbeiten.

Die Idee, dass nicht Partnerschaft das entscheidende Moment zwischen Erzieherinnen und Eltern ist, sondern eine möglichst gute Zusammenarbeit, war geboren. Damit verband sich der Gedanke, dass es keine Entscheidung für das eine und gegen das andere geben muss. Vielmehr handelte es sich um eine Schwerpunkt- oder Prioritätensetzung, mit der Zusammenarbeit und später (vielleicht) Partnerschaft angestrebt werden kann.

Die Reaktionen auf der Konferenz zeigten, dass noch ein weiterer Aspekt wirksam war, nämlich die Beziehungen zwischen Eltern und Erzieherinnen von überbordenden moralisch aufgeladenen Ansprüchen zu befreien. Eine gewisse Ernüchterung griff Raum, zugleich aber auch die Erkenntnis, dass schon allein die Zusammenarbeit von Eltern und Erzieherinnen sich schwierig genug gestaltet – und zwar eher mehr als weniger vergleichbar in allen teilnehmenden Ländern.

Die Prinzipien

Unter Prinzipien verstehe ich in diesem Zusammenhang allgemeine Regeln oder Grundsätze, die zielgerichtetes Handeln erleichtern sollen. Prinzipien sollen zu den jeweiligen Zielen passen, sie dürfen ihnen nicht widersprechen. Passen sie, können sie als Maßstab dienen, an dem man seine konkreten Handlungen überprüfen kann.

Die im Folgenden vorgestellten Prinzipien sind (bis auf eines) als Handlungsvorschläge für Erzieherinnen formuliert. Erzieherinnen sind meine entscheidenden Ansprechpartnerinnen, aber es kann nicht schaden, wenn Eltern und Träger von Kindertageseinrichtungen die Prinzipien kennen und mit *ihren* Erzieherinnen ein gemeinsames Verständnis darüber entwickeln, was daraus für die konkrete Zusammenarbeit folgt.

Die Prinzipien können die Arbeit der Erzieherin leiten, aber nicht ersetzen. Sie sollen ihnen im Umgang mit Eltern helfen. Ziel ist die möglichst gute Zusammenarbeit mit den Eltern.

Die Prinzipien beziehen sich auf die Situation, dass Eltern ihre Kinder in Kindertageseinrichtungen geben, die von freien oder öffentlichen Trägern unterhalten werden, und können vermutlich auf die verschiedenen Formen übertragen werden. Einrichtungen, die von Eltern selbst organisiert sind und in denen sie als Arbeitgeber der Erzieherinnen fungieren, werden hier nicht gesondert erörtert.

Der Aufbau

Drei Abschnitte gliedern den Text: Die Voraussetzungen für Zusammenarbeit, Die Basis für Zusammenarbeit und Die Sicherung der Zusammenarbeit. Vorangestellt sind jeweils verbindende Gedanken zu den zugeordneten Prinzipien. Obwohl die Prinzipien in einer bestimmten Reihenfolge stehen, können sie oder die Abschnitte auch jeweils für sich gelesen und bearbeitet werden.

Jedes Prinzip wird dem vorgegebenen Rahmen entsprechend begründet. Kästen enthalten Positio-

[2] Central and Eastern European Early Childhood Care and Development Regional Meeting (CEE ECCD) in Belgrad, 2002

nen zur Diskussion, Beispiele werden hervorgehoben. *Kursiv* gesetzte Begriffe wie etwa *Zusammenarbeit* und *Partnerschaft* verdienen besondere Beachtung, denn obwohl man sie im Alltag ganz selbstverständlich gebraucht, werden ihnen leicht unterschiedliche Bedeutungen zugewiesen. Es ist aber wichtig, dass die jeweils miteinander kommunizierenden Personen ein gemeinsames Verständnis der Begriffe herstellen.

Nachdem die Bernard-van-Leer-Stiftung im Anschluss an die Konferenz eine weiterführende Ausarbeitung in Auftrag gab, entstanden aus ursprünglich zehn inzwischen zwölf Prinzipien. Der ursprüngliche Charakter der Prinzipien blieb jedoch weitgehend erhalten: kurz, prägnant und zur Diskussion anregend. Deshalb kann die vorliegende Ausarbeitung weder ein Handbuch zur *Zusammenarbeit von Erzieherinnen und Eltern* noch eine präzise Handlungsanleitung ersetzen. Die Ich-Form der Darstellung wurde beibehalten, um die persönliche Ansprache aus dem Vortrag zu erhalten. Dadurch wird der Beitrag von Annette Hautumm, die durch Anregungen und Kritik die vorliegende Fassung erst ermöglichte, aber keinesfalls geschmälert.

Roger Prott
Berlin, Februar 2004

1. Abschnitt
Voraussetzungen für Zusammenarbeit

Der Weg zur Zusammenarbeit gleicht einem steilen, steinigen Gebirgspfad, nicht einer glatten Autobahn in der Ebene.

Das Fundament eines Hauses kennzeichnet die Größe und den Grundriss eines Gebäudes, vor allem aber hat es entscheidenden Einfluss auf die Stabilität. Schon vor der Arbeit am Fundament müssen diverse Voraussetzungen geklärt werden, zum Beispiel ob der Untergrund morastig oder steinig ist, wer die Bauleitung übernimmt und wie die übrige Arbeit verteilt wird, welchem Zweck das Haus einmal dienen soll und wer das Ganze finanziert.

Ähnlich verhält es sich mit den Beziehungen zwischen Erzieherinnen und Eltern in Kindertageseinrichtungen. Gute Beziehungen lassen sich weder einfordern noch verordnen oder gar einseitig erklären. Gute Beziehungen - was immer darunter verstanden wird - werden von beiden Seiten als solche erlebt. Gute Beziehungen entwickeln sich langsam. Besser gesagt: Gute Beziehungen werden nach und nach aufgebaut. Zuerst müssen die Voraussetzungen dafür geklärt werden, dann kann die Arbeit am Fundament beginnen. In allen Phasen müssen der Arbeitsprozess und das bereits Erreichte gesichert werden.

Die ersten fünf Prinzipien helfen, die Voraussetzungen für die Gestaltung der Beziehungen zwischen Erzieherinnen und Eltern zu klären. Der Prozess des Schreibens bringt es mit sich, dass ein Arbeitsergebnis gleich zu Beginn der Lektüre sichtbar wird, denn die Überschrift zu diesem Kapitel lautet *Voraussetzungen für Zusammenarbeit*. Das heißt, das erste Prinzip wurde angewandt, und ich habe eine wichtige Entscheidung getroffen. *Partnerschaft* von Erzieherinnen und Eltern ist nicht mein vorrangiges Ziel, ich strebe die qualifizierte *Zusammenarbeit* zwischen beiden Seiten an. Sie, liebe Leserinnen und Leser, müssen sich noch entscheiden. Das wird zur Orientierung beitragen und helfen, Irrtümer und Missverständnisse zu vermeiden, die aus zu hohen Ansprüchen resultieren. Also: Erst *Zusammenarbeit*, dann (vielleicht) Partnerschaft.

Die folgenden drei Prinzipien betonen institutionelle Voraussetzungen der *Zusammenarbeit*. Denn neben den Interessen der beteiligten Personengruppen müssen die Gegebenheiten der jeweiligen Institution, in der Kinder gefördert werden, berücksichtigt werden. Nicht alle und nicht überall haben Kindertageseinrichtungen den gleichen oder einen eindeutigen Auftrag für ihr Handeln. Die guten Absichten der handelnden Personen können sich mitunter nicht entfalten, weil Erzieherinnen nicht genügend berücksichtigen, dass Eltern sie nicht nur als individuelle Personen erleben, sondern auch als Mitarbeiterinnen einer institutionellen Macht (4. Prinzip) und zugleich als Vertreterinnen einer professionell begründeten Macht (5. Prinzip). Eltern nehmen den Kontakt zu den Erzieherinnen nicht ohne Vorbehalte auf.

Erzieherinnen und Eltern begegnen einander in einer Kindertageseinrichtung. Keiner von ihnen ist hier zu Hause, und doch gibt es eindeutige Hausrechte. Was dürfen die Hausherrn (Gastgeber) den Gästen sagen, ohne unhöflich zu sein? Worauf müssen die Gäste achten? Unterschiedliche kulturelle Traditionen erlegen Gastgebern und Gästen unterschiedliche Rechte und Pflichten auf. Hier muss der Gastgeber alles teilen, dort muss der Gast alles sieben Mal ablehnen. Hier bekommt der Gast das beste Bett, dort muss er seine Höflichkeit durch absolute Zurückhaltung beweisen. Wer darf Wünsche äußern? Sind allen Beteiligten die gegenseitigen Erwartungen, die aus unterschiedlichen kulturellen Hintergründen rühren, klar? Was darf als für alle selbstverständlich vorausgesetzt werden?

Diese Überlegungen zu beachten, fällt schon in den vertrauten Zusammenhängen des Privatlebens nicht leicht. Im institutionellen Rahmen, wo Erzieherinnen keine Gastgeber und Eltern keine Gäste sind (oder sein sollten), bedarf es besonderer Vorsicht. Um einiges schwieriger sind Beziehungen zu verstehen, wenn Menschen mit unterschiedlichen kulturellen Traditionen zusammentreffen.

Auf den ersten Blick sieht alles ziemlich einfach aus. Menschen treten einander gegenüber, die sich einfach nur mit Achtung begegnen, einander wertschätzen müssten und offen miteinander umgehen sollten. Leider ist das Leben komplizierter.

Respekt, Wertschätzung und Offenheit werden in vielen Publikationen als Voraussetzungen für die *Zusammenarbeit* von Erzieherinnen und Eltern genannt. Hier fehlen sie, weil ich sie nicht als Voraussetzungen ansehe. Respekt, Wertschätzung und Offenheit sind Ergebnisse von Erfahrungen. Daher sind sie bestenfalls Zwischenziele auf dem Weg zur *Zusammenarbeit*, wenn nicht gar erst die Indikatoren ihres Erfolgs.

Klären Sie, was Ihnen Zusammenarbeit und Partnerschaft bedeuten und was Sie anstreben.

1. Prinzip

Mit dem ersten Prinzip spreche ich das Ziel aller Bemühungen an. Ziele sind Leuchttürme für das Handeln. Dorthin will man gelangen. Es ist daher notwendig, ein Ziel so klar wie nur möglich heraus zu arbeiten und zu begründen. Das 1. Prinzip unterstellt, dass über das vorrangige Ziel noch entschieden werden muss. Es kann jedoch sein, dass Erzieherinnen in so wichtigen Angelegenheiten wenig oder keinen Spielraum für eigene Entscheidungen haben. Trotzdem ist die Klärung notwendig. Hinzu kommt aber die Frage, ob die eigene Ansicht mit der des Trägers der Einrichtung übereinstimmt (siehe hierzu auch das 3. Prinzip), ganz ähnlich, wie Sie mit der vorliegenden Broschüre umgehen.

Was möchten Sie als Erzieherin in Ihrem Verhältnis zu oder mit den Eltern erreichen?
Wollen Sie mit den Eltern zusammenarbeiten?
Wenn ja, an welchen Aufgaben?
Wie soll die Arbeitsteilung organisiert werden?
Wollen Sie Partner der Eltern werden?
Sollen die Eltern Ihre Partner werden?
Denken Sie eher an Spielpartner, Lebenspartner, Geschäftspartner?
Soll es einen Junior- und einen Senior-Partner geben?
Wie werden die Geschäftsanteile verteilt?

Mein Ziel ist die *Zusammenarbeit zwischen Erzieherinnen und Eltern*. Im Folgenden begründe ich, warum. Schon die Unterscheidung zwischen *Partnerschaft* und *Zusammenarbeit* ist von Bedeutung, weil hinter den Begriffen unterschiedliche Annahmen stehen, wie und warum Eltern und Erzieherinnen miteinander umgehen (sollen). Partner können zusammenarbeiten. Doch um zusammenzuarbeiten, muss niemand eine Partnerschaft eingehen. *Zusammenarbeit* und *Partnerschaft* beschreiben zwischenmenschliche Kontakte auf verschiedene Weise.

Das Konzept der *Partnerschaft* betont die Beziehungen zwischen den beiden Gruppen von Erwachsenen, die an der Erziehung von Kindern in Kindertageseinrichtungen beteiligt sind. Erzieherinnen und Eltern sollen sich als Partner sehen und sich entsprechend verhalten, also

- fair miteinander umgehen,
- Vertrauen zueinander haben,
- sich ihrer gemeinsamen Verantwortung bewusst sein.

In der Aufzählung wird der abstrakte Begriff der *Partner(schaft)* mit drei anderen Begriffen erklärt, nämlich Fairness, Vertrauen und Verantwortung. Gibt das mehr Orientierung? Kaum, denn die erklärenden Begriffe sind ebenfalls abstrakt. Sie bedürfen der Interpretation und Verständigung. In gewisser Weise erschweren sie die weitere Arbeit in Richtung *Partnerschaft* sogar, denn Fairness, Vertrauen und Verantwortung sind hochgradig »moralisch aufgeladen«. Sie lassen sich nicht wirklich in Frage stellen:

- Darf eine Person zugeben, dass sie manchmal unfair ist?
- Wer bezweifelt ernsthaft den Wert gemeinsamer Verantwortung?
- Wer traut sich zuzugeben, dass er nur wenig Vertrauen hat?
- Kann jemand diesen Mangel offen legen? Oder setzt das Eingeständnis nicht gerade das Vertrauen voraus, das doch noch fehlt?

Wer propagiert das Konzept *Partnerschaft* und warum? Eltern sind »die Eltern von ...« Oder sie stellen sich als »Frau und Herr ...« vor. Sie bezeichnen sich nur selten als »Partner der Erzieherinnen«.

Im Gegensatz dazu schlüpfen professionelle Helfer und Ratgeber nur zu gern in die Rolle von »Partnern der Eltern«. Die Spezialisten verbindet, dass sie als Helfer von Berufs wegen etwas mit den Eltern oder mit deren Hilfe erreichen müssen. Sie wissen, ihre Arbeit hat bessere Erfolgsaussichten, wenn sie das Vertrauen der Eltern gewinnen. Deshalb wollen viele Spezialisten Partner sein und werten sicherheitshalber den gesamten Arbeitskontakt zur *Partnerschaft* auf, denn Partner müssen einander vertrauen, nicht wahr? Sie vergessen, dass Vertrauen erst wachsen muss. Sie vergessen ebenfalls, dass jede Forderung nach Vertrauen - auch eine versteckte - misstrauisch macht. Ich bezweifle daher, dass dieser Weg zum erhofften Erfolg führt. Er birgt zu viele Gefahren in Form von verdeckten Ansprüchen, unklaren Voraussetzungen und Erklärungsnotwendigkeiten - allesamt Anlässe für Missverständnisse und somit Hindernisse auf dem steinigen Weg zu einer *Partnerschaft*.

Meiner Ansicht nach steckt hinter diesem Konzept die Sehnsucht nach Harmonie, nach angenehmen sozialen Umgangsformen und nach Arbeitserleichterung. Dieser in *Partnerschaft* gleichsam hineingewobene Wunsch schadet, wenn er nicht entdeckt wird, weil er fordert, was - manchmal über disharmonische Auseinandersetzungen - erst langsam wächst. Zudem lenkt ein Wunsch von den eigenen Handlungsmöglichkeiten ab.

Das Konzept der *Zusammenarbeit* zwischen Erzieherinnen und Eltern halte ich bei der Arbeit in Kindertageseinrichtungen für tragfähiger. Sein Name sagt aus, worauf es ankommt: Gemeinsame Anstrengung! Weit davon entfernt, ein Patentrezept zu sein, birgt es viele Chancen und eigene Handlungsmöglichkeiten für Erzieherinnen und Eltern.

Zusammenarbeit als Konzept ermöglicht zielgerichtete Aktivitäten und Absprachen, schließt neue Wege und auch die Möglichkeit ein, dass mal etwas misslingen kann. Während Rückschläge im Partnerschaftskonzept sofort an nicht wahrgenommene Verantwortung oder Vertrauensbruch denken lassen, also an tiefgreifende Beziehungskrisen, eröffnen Irrtümer im Zusammenarbeitskonzept sofort neue Chancen für Gemeinsamkeit. Aus Fehlschlägen lässt sich ebenso lernen wie aus gemeinsamen Erfolgen.

Das Konzept der *Zusammenarbeit* eröffnet die Chance, erreichbare Ziele selbst zu bestimmen. Erzieherinnen und Eltern können Aufgaben miteinander festlegen, die sie getrennt voneinander, aber dennoch gemeinsam erfüllen, und zwar im Sinne eines oder mehrerer Ziele. Erfolge werden nicht als selbstverständlich vorausgesetzt. Trotzdem stellen sich Erfolgserlebnisse auf allen Zwischenstufen ein, nicht erst am Ende eines langen Prozesses. *Zusammenarbeit* bietet die Gelegenheit, jedes Arbeitsergebnis als gelungen anzuerkennen. Auch vermeintlich geringe Erfolge sind Fortschritte. Jeder kann und darf so viel beitragen, wie es seinen momentanen Möglichkeiten und Interessen entspricht.

Erzieherinnen und Eltern können überall und in vielerlei Form *zusammenarbeiten.* Kleine oder große Beiträge sind möglich. Es gibt zahlreiche Versuche, die Qualität von *Zusammenarbeit* zu messen und zu bewerten. Wer das tun will, mag daran arbeiten. Dessen ungeachtet kommt es letztlich nur auf die zusammenarbeitenden Personen an. Sind sie mit dem Arbeitsprozess und den Ergebnissen einverstanden? Wie lange sind sie damit zufrieden?

Der Clou des Konzepts der *Zusammenarbeit* zwischen Erzieherinnen und Eltern ist allerdings, dass es *Partnerschaft* am Ende nicht ausschließt. Wenn es gelingt, *Partnerschaft* von ihren moralisierenden Anteilen zu befreien, kann sie sogar als eine Form sehr hoch entwickelter Zusammenarbeit definiert werden,

- deren Ziele von allen Beteiligten gemeinsam erarbeitet oder bestätigt wurden,
- die viel Zeit und Energie zur Entwicklung braucht,
- die auf vielen gemeinsamen Erfahrungen beruht,
- die eines sichernden Rahmens bedarf,
- die alle Anteile als gleichwertig anerkennt und
- auf gleichen Rechten aller Beteiligten gründet.

Zusammenarbeit bedeutet gemeinsame Erfahrung. Vertrauen entsteht durch Erfahrung und stellt sich am Ende eines vielschichtigen Entwicklungsprozesses ein, den Erzieherinnen und Eltern gemeinsam durchlaufen müssen. Dieser Prozess kann als beendet angesehen werden, wenn die Beteiligten jeweils so viel Vertrauen entwickelt haben, wie sie brauchen, um selbstbewusste Kooperationspartner zu sein.

Prüfen Sie, ob Ihre Interessen, die der Eltern und die der Institution tatsächlich zusammen passen.

2. Prinzip

Erzieherinnen und Eltern haben gemeinsame Interessen, heißt es. Das würde ich nicht als gegeben, wohl aber als erreichbar ansehen.

In Kindertageseinrichtungen kommen Erzieherinnen und Eltern aus zwei ähnlichen Motiven zusammen: Sie wollen, dass Kinder dort gefördert und betreut werden, um selbst einer Erwerbstätigkeit nachgehen zu können.

Für Erzieherinnen fällt das erste Motiv, die Förderung und Betreuung von Kindern, mit dem zweiten zusammen, denn ihre Erwerbstätigkeit ist die Förderung und Betreuung von Kindern. Eltern hingegen müssen sich von ihren Kindern trennen, wenn sie zur Arbeit gehen.[3]

Welches sind Ihre Interessen als Erzieherin?
Arbeiten Sie gern nach Ihren Vorstellungen mit Kindern?
Tut Ihnen die Zuwendung der Kinder gut?
Brauchen sie als Fachkraft die Anerkennung der Eltern?
Sind Sie der Meinung, die Gesellschaft sollte mehr für die frühkindliche Förderung tun?
Welche Interessen der Eltern kennen Sie?
Welche vermuten Sie?
Sind die Eltern froh, wenn sie ihr Kind heil wiederbekommen?
Erkundigen sie sich, was am Tage los war, oder vertrauen sie Ihnen, der Fachkraft, fraglos?
Interessieren sich die Eltern für die Entwicklungsfortschritte ihrer Kinder?
Engagieren sie sich für bessere Rahmenbedingungen?
Welche Interessen verfolgt Ihre Institution/Organisation?
Vertritt der Träger ein bestimmtes pädagogisches Konzept?
Dominieren Sicherheitsregeln die pädagogischen Zielsetzungen?
Wird die Qualität der Einrichtung überprüft? Wenn ja – wie?
Stören die Eltern die Abläufe, wenn sie mehr als ihre Elternbeiträge einbringen wollen?
Wird die Mitarbeit von Eltern gefördert? Wenn ja – wie und warum?

Erzieherinnen und Eltern können unterschiedliche, ja sogar gegensätzliche Interessen haben. Hinter einem Interessengegensatz stecken häufig unterschiedliche Vorstellungen von Förderung und Betreuung, doch es gibt auch Gründe, die in der Profession der Erzieherin liegen oder die durch die Institution vorgegeben sind.

Kinder sollen in Kindertageseinrichtungen »gut gefördert und betreut« werden. Heißt das, sie brauchen viele Anregungen von den Erzieherinnen und wenig Freiraum für selbstbestimmtes Spiel? Oder umgekehrt? Angenommen, die Kinder sind viel miteinander tätig, denken die Eltern dann, sie sind sich selbst überlassen? In diesem Fall werden Eltern

[3] Die Situation, dass frühkindliche institutionelle Förderung so weit gesellschaftlich akzeptiert ist, dass Eltern ihr Kind ohne die Notwendigkeit eigener Berufstätigkeit in entsprechende Institutionen geben, wird hier nicht weiter berücksichtigt.

»mehr Förderung« wünschen und damit »mehr Aktivität der Erzieherin« meinen, während diese sich vielleicht sogar noch stärker zurückhalten will.

Das Beispiel spricht unterschiedliche Einstellungen von Erzieherin und Eltern über die pädagogische Arbeit an und zeigt, wie eng die Kritik der Eltern an der Pädagogik und ihre Kritik an der Arbeitsleistung der Erzieherin beieinander liegen. Beides streng auseinander zu halten, das erleichtert die Verständigung.

Das Beispiel deutet jedoch auf noch kompliziertere Zusammenhänge, denn die hinter den Auffassungen über Pädagogik und nötige Arbeitsleistung stehenden Interessen wurden gar nicht angesprochen. Selbst wenn Erzieherin und Eltern gleiche Interessen haben – etwa die bestmögliche Förderung der Kinder –, kann es trotzdem zu Auseinandersetzungen kommen. Die gemeinsamen Interessen liegen nämlich selten klar auf der Hand.

Wird die Gemeinsamkeit nicht entdeckt, steigt die Gefahr von Auseinandersetzungen.

Hinzu kommt, dass gleiche Interessen durch unterschiedliche Motive begründet sein können. Verselbständigen sich die Motive und werden zum Hauptgegenstand der Auseinandersetzung, steht wieder Unterschiedliches an Stelle der Gemeinsamkeit im Vordergrund.

Haben Erzieherinnen und Eltern wie im obigen Beispiel die bestmögliche Förderung der Kinder zu ihrem gemeinsamen Interesse erkoren, kann auf der Seite der Erzieherin das Motiv dahinter stehen, ihr berufliches Ansehen zu steigern oder ihren Arbeitsplatz zu sichern. Das Interesse der Eltern kann sich – beispielsweise durch die Motive Ehrgeiz, Angst oder Unwissenheit – in übertriebenen Forderungen nach pädagogischer Förderung für das Kind äußern. Über solche auf beiden Seiten vorhandenen Motive lässt sich nicht verhandeln. Erzieherinnen und Eltern sollten sie als gegeben akzeptieren und sich auf das konzentrieren, was sie gemeinsam tun können.

Ärzte oder Rechtsanwälte genießen hohes Ansehen. Ihre Ausbildung ist auf hohem Niveau geregelt, Standesvertretungen schützen ihre Berufsinteressen nach außen und kontrollieren die Qualität intern, die Bezahlung ist überdurchschnittlich. Eine Tätigkeit gilt als professionalisiert, wenn sie so spezialisiert ist, dass im Grunde kein Außenstehender Wesentliches davon verstehen kann. Laien und Profis werden nach diesem Konzept streng unterschieden.

Ganz anders die Arbeit der Erzieherinnen. Sie müssen damit leben, dass andere Menschen etwas von Erziehung verstehen oder zu verstehen glauben – dies um so mehr, je jünger die Kinder sind. Die Erziehungstätigkeit in der Kindertagesbetreuung gilt deshalb als Beruf mit (zu) geringer Professionalität und (zu) geringem Ansehen. Sowohl Ausdruck als auch Resultat dieser Situation ist die Tatsache, dass überwiegend Frauen in der Kindertagesbetreuung arbeiten.

Ein berufliches Interesse von Erzieherinnen liegt darin, das Ansehen der Profession zu heben. Darum liegt die Versuchung nahe, sich an einem Bild der Professionalität zu orientieren, das in anderen Berufen erfolgreich ist, für die Erziehungsarbeit jedoch wenig taugt. Versuchen Erzieherinnen beispielsweise, sich mit ihrem Spezialwissen als Berufsgruppe abzugrenzen, grenzen sie die Eltern aus, mit denen sie doch zusammen arbeiten sollen und müssen, weil sie ihre Aufgaben sonst nicht in erforderlicher Qualität erfüllen können (siehe 6. Prinzip). Hier geraten unterschiedliche berufliche Interessen in Konflikt. Solche Konflikte können sich verstärken, wenn Eltern sich an der Arbeit in der Kindertageseinrichtung beteiligen und eigene Ideen oder Vorstellungen einbringen wollen, die Erzieherin jedoch (noch) unsicher ist und sich kontrolliert fühlt. Diese Erzieherin wird sich überwinden müssen, um Eltern einen direkten Einblick in ihre Arbeit zu ermöglichen.

Manche Eltern wollen die Erzieherin tatsächlich kontrollieren, weil sie ihrerseits befürchten, die Kontrolle über die Erziehung ihres Kindes zu verlieren. Das mag den Umgang mit diesen Eltern erschweren, zeigt jedoch andererseits, dass sie Interesse an ihrem Kind haben. Es ist ihnen nicht gleichgültig, was in der Kindertageseinrichtung passiert.

Andere Eltern sind zufrieden, wenn und obgleich sie nicht an der Förderung ihres Kindes in der Tageseinrichtung beteiligt sind. Sie müssen deshalb nicht gleichgültig gegenüber der Entwicklung ihres Kindes sein. Vielleicht beweist ihre Zurückhaltung ihr Vertrauen und die Gewissheit, dass die Erzieherin Bildung und Betreuung in guter Qualität anbietet.

Für fast alle Verhaltensweisen von Eltern gibt es unterschiedliche Möglichkeiten der Erklärung. Welche trifft zu? Was sind die Interessen und Motive der Eltern? Wer sie nicht kennt, kann nicht prüfen, ob Übereinstimmungen mit den eigenen Interessen bestehen.

Kindertageseinrichtungen sind Institutionen (siehe auch 4. Prinzip), und wie alle Institutionen können sie Eigeninteressen entwickeln, die im Gegensatz zum Auftrag stehen. Manche Institutionen gestatten zum Beispiel nur Befugten den Aufenthalt. Zwar sind Besucher von Zeit zu Zeit willkommen, vor allem aber braucht man sie zum Bringen und Abholen der Insassen. Schulen und Krankenhäuser arbeiten traditionell so. Erst seit einigen Jahren verbreitet sich die Erkenntnis, dass Eltern auch dort eine wichtige Funktion für die Entwicklung ihrer Kinder haben, doch eingelöst ist dieses Wissen durch systematische Zusammenarbeit zwischen Personal und Eltern nicht.

Je mehr eine Tageseinrichtung wie eine traditionelle Schule oder ein Krankenhaus konzipiert ist, je weniger Einfluss auf die institutionellen Abläufe zugelassen wird, desto geringer ist die Chance auf Beteiligung und Engagement der Eltern. Dies kann – wenn Träger, Erzieherinnen und Eltern darin übereinstimmen – durchaus das Ideal einer Kindertageseinrichtung sein.

Andernorts kann sich dagegen das Interesse der drei Beteiligten auf weitgehende Zusammenarbeit richten. In beiden Fällen sind kaum schwerwiegende Konflikte zu erwarten. Nur wenn unterschiedliche Interessen aufeinander stoßen, wird es vermutlich schwierig. Selbst wenn wir annehmen, dass die Förderung der Kinder und ihr Wohlergehen im gemeinsamen Interesse von Erzieherinnen und Eltern liegen, wenn dies erkannt und miteinander abgestimmt wurde, kann daraus nicht ohne weiteres eine gemeinsam zu erfüllende Aufgabe abgeleitet werden. Erzieherinnen und Eltern können ihr gemeinsames Interesse durchaus getrennt voneinander und im jeweils eigenen Bereich wahrnehmen. Akzeptiert man die jeweiligen Kompetenzen und respektiert die jeweiligen Grenzen, bestehen gute Aussichten, dass alle Beteiligten zufrieden sind.

Ein Beispiel: Im Alltag der französischen école maternelle ist die praktische Zusammenarbeit der pädagogischen Fachkräfte und Eltern eher selten anzutreffen. Eltern bringen ihre Kinder morgens und holen sie am Ende der Betreuungszeit wieder ab, sind also selbst nicht anwesend. Die *Zusammenarbeit* zwischen Erzieherin oder Lehrerin und Eltern wird über die Beteiligung in den Gremien geregelt. Da dieses System funktioniert und landesweit akzeptiert wird, liegt der Schluss nahe, dass die Motive und Interessen von Eltern, Erzieherinnen und Institution auf diese Weise zufriedenstellend koordiniert werden.

Klären Sie den genauen Auftrag Ihrer Institution, damit Sie einen realistischen Rahmen für die Zusammenarbeit entwickeln können.

3. Prinzip

Wenn Sie herausfinden wollen, wer welche Interessen an der Kindererziehung hat, beginnen Sie mit einer Diskussion über den Auftrag Ihrer Kindertageseinrichtung. Wofür ist sie da, was soll sie leisten? Sind alle Beteiligten ähnlicher Auffassung über Sinn und Zweck dieser Institution, die vorrangig frühkindliche Förderung anbietet? Verstehen Erzieherinnen, Eltern und Träger das gleiche, wenn man den allgemeinen Zweck mit Beispielen verdeutlicht? Sind alle einverstanden? Welche Erwartungen stellen Außenstehende an die Einrichtung?

Was soll die Einrichtung anbieten? Welchen Wünschen soll sie entsprechen?
Lässt sich aus dem Namen der Einrichtung ihr gesamter Zweck ableiten?
Mit welchen Argumenten wirbt Ihre Institution oder Organisation?
Was erwarten die Eltern? Wofür bezahlen sie?
An wen richten sich die Aktivitäten hauptsächlich? An wen außerdem und mit welcher Verbindlichkeit?
Wofür wurden Sie als Erzieherin vorbereitet und ausgebildet?
Welche Qualitätsanforderungen sollen erfüllt werden?

Die meisten Kinder wachsen in ihren Familien auf und genießen hier Fürsorge und Unterstützung. Besuchen sie zusätzlich während eines Teils des Tages spezielle Einrichtungen, geschieht dies in Ergänzung zur familiären Erziehung. Die Kinder sollen dort in der Obhut von Erwachsenen betreut und in ihrer Entwicklung gefördert werden. Zu diesem Zweck gibt es Einrichtungen in vielen konzeptionellen Variationen, mit unterschiedlichen Rahmenbedingungen und Traditionen. Manche Einrichtungen arbeiten überwiegend mit dem Auftrag, die Bildungsprozesse von Kindern zu unterstützen. Bei anderen liegt der Schwerpunkt auf der Betreuung in den Zeiten, in denen die Eltern nicht zur Verfügung stehen. Wieder andere unterscheiden nicht zwischen Bildung und Betreuung, sondern gehen von dem Grundsatz aus, dass Bildung und Betreuung als Einheit gesehen werden müssen. Es gibt Einrichtungen, die für Kinder in speziellen Altersspannen vorgesehen sind; andere decken alle Jahrgänge vor dem Schuleintritt ab und zum Teil darüber hinaus. Wir finden Einrichtungen mit einem speziellen Förderauftrag für Kinder mit besonderem Bedarf und integrative Einrichtungen für alle Kinder im Einzugsgebiet. Kindertageseinrichtungen können ausschließlich für den Besuch von Kindern eingerichtet oder Teil einer anderen Institution sein, beispielsweise eines Mütterzentrums oder einer öffentlichen Schule.

Jede Variante gibt Aufschluss über die herrschenden Ansichten über frühkindliche Förderung, über die gewünschten Arbeitsschwerpunkte im Allgemeinen und über bestimmte Aufgaben im Besonderen. Auf manche Ziele lässt schon die Art der Einrichtung schließen. Kurz, die Organisationsform der Kindertageseinrichtung lässt etwas von dem Auftrag erkennen, den sie in ihrer Gesellschaft oder ihrem Kulturkreis erfüllen soll.

In diesem weiten Feld bestehen große Unterschiede. Ein staatlich gesichertes Förderangebot erfüllt andere Zwecke als eine karitative Einrichtung, die minimale Versorgung bietet. Um den Preis der Vereinfachung fasst die Broschüre dennoch all diese Einrichtungen als Kindertageseinrichtungen zusammen, für die die Prinzipien gelten, wenn

- sie per Auftrag vorrangig Kinder fördern und betreuen,
- sie eigens qualifizierte Fachkräfte beschäftigen,
- sie mit den Eltern der betreuten Kinder zusammenarbeiten sollen, damit der Auftrag zur frühkindlichen Förderung wirkungsvoll umgesetzt werden kann.

Hiervon sollen mit Blick auf die Zusammenarbeit zwischen Erzieherinnen und Eltern Einrichtungen abgegrenzt werden, die zusätzlich zur Arbeit mit Kindern auch oder vorrangig einen Auftrag zur *Elternbildung* erfüllen. Ebenfalls gesondert zu betrachten sind Einrichtungen mit einem speziellen Auftrag zur Unterstützung von Eltern.

Folgende Unterscheidung ist mir wichtig: Einerseits gibt es Einrichtungen, in denen Erzieherinnen mit Eltern zusammenarbeiten können oder sollten, um ihren Auftrag zur Förderung von Kindern bestmöglich zu erfüllen. Andererseits gibt es Einrichtungen, in denen Erzieherinnen vorrangig oder zusätzlich spezielle eigene Aufgaben gegenüber den Eltern haben, beispielsweise ein Kursangebot zur Qualifikation von Eltern in Erziehungsfragen. Unbestreitbar käme dieses Angebot letztlich der Förderung der Kinder zu Gute, doch wären die Kurse Teil eines gesonderten Programmteils der Einrichtung und keine wünschenswerte Folgerung aus dem Auftrag in Bezug auf die Kinder. Oder anders: Unterstützen Erzieherinnen die Bildung und Betreuung der Kinder, indem sie den Eltern Informationen und Wissen anbieten? Haben die Erzieherinnen den Auftrag, alle Eltern zu qualifizieren, weil etwa die Sozialpolitik des Landes diesen Weg als erfolgversprechend ansieht? Oder wendet sich das Angebot im Grunde an alle interessierten Erwachsenen, also nur unter anderem an die Eltern der betreuten Kinder?

Entscheidend ist stets die Frage, ob Eltern wissen, womit sie zu rechnen haben, wenn sie ihr Kind in eine Kindertageseinrichtung geben, und ob sie damit einverstanden sind. Eltern, die ein Bildungsangebot für ihr Kind wollen, akzeptieren nicht zwangsläufig, selbst zur Zielgruppe zu werden.

Wohlgemerkt: Solche gezielten Interventionen sind von dem unvermeidlichen Prozess wechselseitiger Beeinflussung zu unterscheiden, der stets abläuft, wenn Menschen miteinander in Kontakt treten. Eltern mögen von Informationen über Erziehung, über Psychologie, über die Entwicklungsschritte von Kindern oder die Familienpolitik des Landes als Angebot der Kindertageseinrichtung profitieren, doch es bedarf ihrer besonderen Zustimmung, wenn sie darüber hinaus eine eigene Zielgruppe pädagogischer Einflussnahme sein sollen. Klarheit herrscht, wenn Eltern ihre Wünsche hierfür deutlich anmelden. Ihre Zustimmung kann auch vorausgesetzt werden, wenn Eltern wissen, dass die Tageseinrichtung einen erweiterten Auftrag zur *Elternbildung* besitzt, und sie ihr Kind gerade dort anmelden. Doch auch in diesem Fall müssen Erzieherinnen aufmerksam sein. Es ist möglich, dass Eltern und Kind keine Auswahl haben. Deshalb lassen sie sich vielleicht auf das verfügbare Angebot ein, akzeptieren das Gesamtpaket aber nicht wirklich.

Vergleichbares kann geschehen, wenn Erzieherinnen den Auftrag zur pädagogischen Arbeit mit den Kindern aus eigenem Engagement ergänzen, weil sie – durchaus zu Recht – erkennen, dass manche Eltern Informationsbedarf haben. Dann steht eine Gratwanderung an: Reagieren die Eltern erleichtert auf das Angebot, weil sie nicht danach zu fragen wagten? Reagieren sie überrascht und verärgert, weil sie sich bloßgestellt fühlen? Nehmen sie das Angebot an, weil sie befürchten, dass sich eine Ablehnung negativ auf ihr Kind auswirkt?

Streben Erzieherinnen eine erfolgreiche *Zusammenarbeit* an, die sich später einmal zu einer Partnerschaft mit Eltern entwickeln kann, sollten sie beachten, dass Partner einander akzeptieren, wie sie sind. *Elternbildung* aber unterstellt, dass Eltern etwas lernen müssen. Sie sollen sich verändern, die Erzieherin nicht. Das ist das Gegenteil von Akzeptanz, also nicht ganz einfach zu akzeptieren.

Hinzu kommt, dass jede Form von *Elternbildung* die Erzieherinnen (mindestens vorübergehend) auf eine höhere Stufe stellt. Das hat Einfluss auf die *Zusammenarbeit* mit den Eltern, die dann nicht so organisiert werden kann, als stünden beide Seiten gleichberechtigt auf einer Stufe.

Nicht von ungefähr werden Eltern in Konzepten von *Elternbildung* als Zielgruppe der Angebote bezeichnet – die Formulierungen wurden hier absichtlich übernommen. Mindestens sprachlich werden Eltern also in die Rolle eines passiven Ziels gesetzt. Sie erscheinen als Adressaten von Angeboten, die ihnen Wissen, Informationen oder Kenntnisse nahe bringen sollen, und werden zu Objekten degradiert, die mehr oder weniger dringend der Belehrung bedürfen. Dieser Objektstatus verträgt sich nicht mit dem Ziel der Zusammenarbeit.

Vorsicht ist deshalb geboten, weil der Förderauftrag gegenüber den Kindern nicht ohne weiteres um den Auftrag der Elternbildung ergänzt werden kann. Worauf legen Sie deshalb mehr Wert, wenn Sie sich für einen Auftrag entscheiden müssen? Welches ist der vorrangige Zweck Ihrer Kindertageseinrichtung?

Beachten Sie die Hürde zwischen der Institution und dem individuellen Nutzer. Rechnen Sie als Erzieherin mit Vorerfahrungen der Eltern, die ihnen Anlass zu Vorsicht oder Skepsis geben.

4. Prinzip

Als nächstes möchte ich die Aufmerksamkeit auf eine Annahme lenken, die bereits erwähnt, aber nicht erklärt wurde. Sie lautet: Kindertageseinrichtungen sind Institutionen.

Was trifft auf die Kindertageseinrichtung zu, in der Sie arbeiten?
Sie wird von Eltern, von Eltern und Erzieherinnen gemeinsam, von einem freien Träger, von einer staatlichen Organisation betrieben.
Aufwändige Verfahren und zahlreiche Formulare sind nötig, wenn ein Kind aufgenommen wird.
Jeder hat jederzeit Zutritt; alle Eltern haben jederzeit Zutritt; für Außenstehende gibt es gesonderte Sprechzeiten.
Das Haus ist zu bestimmten Zeiten geschlossen, Einlass wird nur nach Anmeldung gewährt. Es besteht eine generelle Einlasskontrolle, für die es Formulare gibt.
Die Kinder werden am Eingang oder vor dem Gruppenraum abgegeben.
Die Eltern sind an den internen Abläufen beteiligt.
Die Kinder tragen individuelle Kleidung, einheitliche Kleidung, von der Einrichtung gestellte Kleidung.

Viele Menschen verbinden Verwaltungsbehörden und andere Institutionen mit unangenehmen Erfahrungen. Sie mussten lange Zeit warten, bis sie an der Reihe waren. Sie fühlten sich als Objekte behandelt, denn ihnen wurden Nummern zugeteilt. Für ihre Anträge wurden ihnen schwer verständliche Vordrucke ausgehändigt. Sie waren Abläufen ausgesetzt, die sie nicht durchschauten und scheinbar nicht ohne Risiko beeinflussen konnten. Entscheidungen wurden ihnen nur mitgeteilt, nicht begründet. Wer drinnen sitzt, gilt als einflussreich; wer draußen steht, fühlt sich als Bittsteller.

Viele Menschen haben erfahren, dass die Bildungseinrichtung Schule nicht nach ihren Wünschen, Interessen und Kompetenzen fragt. Sie werden in Behörden und anderen Institutionen nicht als Individuen wahrgenommen, sondern über einen Kamm geschoren, mindestens aber nach Gruppen sortiert. Für viele Menschen gehört Ärger mit dem Finanzamt, der Hausverwaltung, der Post oder beim Antrag auf den Führerschein zum Alltag. Aus all diesen Erfahrungen heraus neigen sie dazu, sich gegenüber Institutionen im Nachteil zu sehen.

Ein Beispiel: In vielen Ländern werden Kindertageseinrichtungen traditionell wie Schulen geführt. Die Eltern werden gebeten, morgens ihre Kinder zu bringen, aber sie müssen draußen bleiben. Vom Drinnen werden sie üblicherweise ferngehalten: vom Kind, vom Konzept oder Lehrplan, von der praktischen Erziehungs- und Bildungsarbeit. Haben Eltern nicht sehr viel Selbstvertrauen, werden sie sich hüten, einzutreten und nachzufragen.

Noch ein Beispiel: Qualitätsindikatoren für Kindertageseinrichtungen aus Birmingham (England): Können Eltern überzeugt sein, dass eine ernste und angemessene Reaktion folgt, wann immer jemand sich abfällig über ihr Kind und seine kulturelle oder ethnische Herkunft äußert?

Um sie im Licht des 4. Prinzips zu interpretieren, greife ich zwei Beispiele aus vorangegangenen Kapiteln nochmals auf.

Erstens: Haben Eltern keine Wahl zwischen Kindertageseinrichtungen mit unterschiedlichen Konzeptionen, ist der Zugang zu einem Platz über Wartelisten geregelt oder mit hohem Aufwand verbunden, sind die Vergabekriterien für die Plätze nicht transparent oder schwer verständlich, dann sehen Eltern viele Hindernisse zwischen sich und der Erzieherin. Je weniger Hemmschwellen den Zugang regeln, desto glaubwürdiger wirkt die Einladung zur Zusammenarbeit.

Zweitens: Nehmen Erzieherinnen einen Auftrag zur *Elternbildung* wahr, schlüpfen sie in die Rolle von Lehrerinnen und stellen sich auf eine höhere Stufe als die Eltern. Die Basis der Zusammenarbeit verändert sich. Vielleicht werden Eltern an ihre Erfahrungen in der Schulzeit erinnert. Auch wenn diese eher angenehm waren, ist nicht ausgeschlossen, dass manche Eltern sich wieder klein und abhängig wie Schüler fühlen.

Fast jede Erfahrung lässt sich durch eine neue, angenehmere, bessere ersetzen. Sicherlich kommen Eltern mit vielen Vorerfahrungen im Umgang mit Institutionen, doch nur selten mit Vorurteilen in die Kindertageseinrichtung. Wenn dort alles anders organisiert ist, als sie es bisher kannten, werden sie über verschiedene Einzelschritte ihren individuellen Zugang finden – falls es erwünscht ist –, und sie werden Zutrauen entwickeln, um sich zu beteiligen. Doch sogar wenn sie sich gern beteiligen wollen, bleibt für die Erzieherinnen noch ein ganzes Stück Arbeit, bevor Eltern Unsicherheiten abbauen und sich so wohl fühlen, dass sie sich wirklich beteiligen können.

Die größte Unsicherheit auf Seiten der Eltern besteht stets darin, ob gut gemeintes, aber von den Erzieherinnen eventuell als unerwünscht angesehenes Engagement sich vielleicht nachteilig auf das Kind auswirkt. Dieser Gedanke bleibt bei Eltern so lange allgegenwärtig und beeinflusst die Zusammenarbeit, bis sie genügend Vertrauen zu den Erzieherinnen aufgebaut haben.

Es bedarf vieler neuer Erfahrungen, bis Eltern zwischen dem Anteil der einzelnen Erzieherin und dem institutionellen Anteil an den Abläufen in der Kindertageseinrichtung unterscheiden lernen. Doch schon bald werden sie die Erzieherin in ihrer Fachkompetenz schätzen. Sie sind prinzipiell bereit, Informationen über das Kind zu Hause zu geben, aber beobachten noch, wie die Erzieherin im Rahmen ihrer Institution mit diesen Informationen umgeht.

Wenn solch ein Erfahrungsprozess in Gang kommt, ist bereits eine wichtige Voraussetzung gegeben oder geschaffen worden. Eltern verfügen dann über die Möglichkeit, die Erzieherin nicht nur als Vertreterin der Institution zu sehen, sondern zunehmend auch als Person, die innerhalb der Institution durchaus individuell agieren kann.

Für Erzieherinnen ist die Situation vergleichbar. Sie müssen sich vergegenwärtigen, dass sie in der Begegnung mit Eltern auf Einzelpersonen treffen, die häufig negative Vorerfahrungen mit Institutionen machen mussten. Deshalb müssen Erzieherinnen es ertragen, wenn Eltern ihnen gegenüber zunächst reserviert auftreten. Sie müssen Gelegenheiten schaffen, die den Eltern neue Erfahrungen ermöglichen. Sie müssen die Eltern als individuelle Personen betrachten und nicht als Gruppe, in der Unterschiede kaum noch identifizierbar sind.

Erzieherinnen müssen also ebenso wie Eltern sowohl den individuellen und als auch den institutionellen Aspekt der Begegnung erkennen. Doch zuvor müssen sie die Ausgangssituation akzeptieren: Kommen Erzieherinnen und Eltern in einer Kindertageseinrichtung zusammen, dann treffen professionelle Erziehungspersonen als Vertreter einer Institution auf Einzelpersonen, die ebenfalls erziehen. Schon diese umständliche Formulierung verweist auf die Höhe des Hindernisses, das vor der Zusammenarbeit von Erzieherinnen und Eltern steht. Die Beziehung zwischen Erzieherinnen und Eltern ist eben nicht so frei gestaltbar wie der Kontakt zufälliger Gäste auf einer Party.

Vielleicht verhilft der folgende Gedanke zum konstruktiven Umgang mit einer komplizierten Situation:

Erzieherinnen können sich vor Augen halten, dass eine sehr spezielle Begegnung stattfindet, wenn Eltern die Kindertageseinrichtung betreten. Es ist die Begegnung zweier verschiedener Kulturen.

Die Beachtung dieser Sätze ermöglicht erneut eine andere Sichtweise auf Eltern. Nachdem sie hier gerade als Einzelpersonen entdeckt wurden, bekommen sie nun eine Funktion zugeschrieben. Sie betreten die Kindertageseinrichtung als Vertreter einer jeweils anderen Kultur. Man kann auch sagen: Sie kommen als Repräsentanten einer anderen Institution, denn als solche wird die Familie in anderen Zusammenhängen bezeichnet. Sie verdienen den ihrer Rolle gebührenden Respekt.

Die Qualität der Zusammenarbeit zwischen Erzieherinnen und Eltern kann nicht besser sein als die Achtung und Würdigung, die beide Seiten einander als Repräsentanten ihrer Kulturen entgegenbringen.

Rechnen Sie damit, dass Eltern bereits viele wohlmeinende Ratgeber und deren gut gemeinte Ratschläge kennen gelernt haben.

5. Prinzip

Mit dem ersten Kind werden Menschen zu Eltern. Die neue Rolle verunsichert. Sie müssen lernen, mit ihr zurecht zu kommen. Mit der Zeit und weiteren Kindern lässt die Verunsicherung nach, vergeht jedoch nicht gänzlich.

Die Verunsicherung der Eltern ist das positiv zu bewertende Zeichen ihrer Sorge um das Kind.

Erinnern Sie sich an Ihre ersten Tage in der Kindergruppe:
Verstanden Sie, was die Kinder Ihnen mitteilten?
Verstanden Sie, was die Kinder von Ihnen wollten?
Wie konnten Sie sich verständlich machen?
Waren die Tage anstrengend?
Wie lange brauchten Sie für die Vorbereitung?

Viele Ratgeber stehen den Eltern zur Verfügung. Sie mögen ihnen hilfreich zur Seite oder verunsichernd gegenüber stehen. Sie mögen sich in Papierform oder aus Fleisch und Blut aufdrängen. Ihre Ratschläge mögen kostenfrei sein, vergebens oder umsonst. Sie mögen es noch so gut meinen, doch was bewirken sie tatsächlich?

Brauchen Eltern Ratgeber? Brauchen sie jemanden, der sie Elternschaft lehrt? Muss es Eltern-Lehrer geben?

Traditionelle Ratgeber waren oder sind in allen Gesellschaften vornehmlich die älteren Familienangehörigen oder weise Freundinnen und Freunde. Mit der Auflösung traditioneller Lebensformen und der Zunahme an spezialisiertem Wissen werden auch andere Menschen zu Ratgebern, etwa Kinderärztinnen, Psychologen, Lehrerinnen, Sozialarbeiter und ... Erzieherinnen.

In der Zunft der Rat gebenden Helfer repräsentieren Erzieherinnen eine Profession unter vielen anderen und sind – gewollt oder ungewollt – Teil einer Phalanx, die sich gegen elterliche Kompetenz richtet. Allein die Tatsache, dass es die professionellen Helfer gibt, können Eltern als Beleg dafür interpretieren, dass sie in Gefahr sind, »es allein nicht zu schaffen«.

Nicht vergessen werden darf, dass alle professionellen Helfer arbeiten und verdienen wollen. Deshalb müssen sie ihre Existenzberechtigung nachweisen. Zu diesem Zweck heben die meisten ihre Kompetenz hervor und werten dadurch zwangsläufig die elterliche Kompetenz ab. Werden Eltern dadurch noch mehr verunsichert? Oder beruhigt sie die Gewissheit, dass viele Menschen über sie wachen?

Wenn Eltern das erste Mal eine Kindertageseinrichtung betreten, um sich zu informieren oder ihr Kind anzumelden, hatten sie längst Kontakt mit vielen professionellen Spezialisten. Wurde ihnen geraten, geholfen, Sicherheit vermittelt? Es ist zu vermuten, dass die Eltern eher zu viele Ratschläge erhielten, als zu wenige. Nun kommen sie in eine Kindertageseinrichtung und bringen ihre Vorerfahrungen mit. Sie wissen, dass Erzieherinnen zum System professioneller Helfer gehören. Unvoreingenommene Kontakte sind demnach unwahrscheinlich.

Dass Erzieherinnen als Helfer und Spezialisten nicht uneingeschränkt anerkannt sind (siehe auch 2. Prinzip), kompliziert die Situation weiter. Sie stehen innerhalb der Helferprofessionen am unteren Ende der Hierarchie, denn Tageseinrichtungen für Kinder sind als gesellschaftliche Form der Erziehung längst nicht überall selbstverständlich und schon gar nicht hoch anerkannt, gesichert, ausgebaut oder unterstützt. Die Palette der Vorbehalte hält für die jeweilige Situation passende Argumente bereit:

In Gesellschaften, die noch weitgehend an Großfamilien orientiert sind, wird gefragt: Darf das Kind außer Haus erzogen werden? Dürfen Menschen, die nicht zur Familie gehören, Einblick und Einfluss erhalten?

In den westlichen Industrieländern wird eher nach der zeitlichen Dauer oder dem Beginn der Erziehung in der Tageseinrichtung gefragt: Wie viel Erwerbstätigkeit kann der Mutter oder dem Vater als förderlich für die Eltern-Kind-Beziehung zugestanden werden? Wie viele Stunden darf das Kind in der Tageseinrichtung betreut werden? Ab welchem Alter soll das Kind eine Einrichtung besuchen?

In jedem Kulturkreis sind die Vorbehalte gegen Kindertagesbetreuung mehr oder weniger öffentlich und bekannt. Als Druck der Tradition oder als Erkenntnisse aus neuen Forschungen lasten sie auf den Eltern. Trotzdem geben Eltern ihre Kinder in die Obhut von Erzieherinnen!

Ich erinnere daran, dass Vertrauen durch Erfahrung entsteht und wächst. Wenn Eltern also trotz der jeweils allgemein bekannten Vorbehalte gegen Kindertageseinrichtungen ihr Kind dorthin bringen, dann geben sie ihm einen Packen Vertrauensvorschuss für die Erzieherin mit. Sie mögen vorsichtig sein, aber keinesfalls misstrauisch. Mehr noch: Sie sind zur Vorsicht berechtigt und verpflichtet, sonst wären sie keine verantwortungsvollen Eltern.

Es kommt nun für die Erzieherinnen darauf an, das ihnen entgegengebrachte Vorvertrauen durch qualitätsvolle Arbeit zu rechtfertigen, und zwar gegenüber Kindern und Eltern. Sie können versuchen, das »Vertrauenskonto« auszugleichen, indem sie ihrerseits den Eltern Vorvertrauen entgegen bringen: Jede Erzieherin kann von der Annahme ausgehen, dass alle Eltern das Beste für ihre Kinder wollen, selbst wenn es nach professionellen Maßstäben manchmal nicht so aussieht.

2. Abschnitt
Basis für Zusammenarbeit

Nicht immer lässt sich auf sicherem Grund bauen; also müssen andere Fixpunkte geschaffen werden.

Das Haus ist geplant, wichtige Voraussetzungen sind geklärt. Nun kann mit dem Fundament begonnen werden. Steht das Haus auf Pfählen, bekommt es einen Keller? Wird gemauert, Beton gegossen oder Holz verwendet?

Das alles, im übertragenen Sinne, werden Sie entscheiden.

Die Vielfalt der Umsetzungsmöglichkeiten entzieht sich der Beschreibung. Deshalb finde ich die in den folgenden fünf Prinzipien zusammengetragenen Grundsätze für das Handeln von Erzieherinnen wichtiger als detaillierte Hinweise zur (Bau-)Ausführung. Sie vertiefen die Diskussion über den Zweck und den Auftrag der frühkindlichen Förderung, weil ihre Definition die Beziehung zwischen Erzieherinnen und Eltern vorentscheidend beeinflusst. Die fünf Prinzipien rütteln am professionellen Selbstverständnis von Erzieherinnen, nicht um es zu erschüttern, sondern um seine Standfestigkeit zu prüfen. Indem ihnen schwierige Aufgaben zugeschrieben werden, wird die fachliche Kompetenz der Erzieherinnen geachtet, und zugleich wird davon ausgegangen, dass diese Kompetenz sich ohne den Sachverstand der Eltern nicht voll entfalten kann.

Neben der Wertschätzung des (erzieherischen) Wissens der Eltern, das in die professionelle frühkindliche Förderung einbezogen werden soll, hält ein zweiter Gedanke die folgenden fünf Prinzipien zusammen. Ich versuche, *Zusammenarbeit* zu fördern, indem ich zuerst die eigenständigen Kompetenzbereiche von Erzieherinnen und Eltern herausarbeite. Diese absichtliche Trennung widerspricht nur scheinbar dem Ziel. Sie folgt der Erfahrung, dass *Zusammenarbeit* vor allem dort funktioniert, wo Menschen gesicherte, eigene Felder haben, von denen aus sie ihre Kontakte knüpfen können, wenn, wann und wie weit sie es für richtig halten.

Für die Eltern gilt der Grundsatz der Freiwilligkeit in der *Zusammenarbeit*. Erzieherinnen hingegen haben in der Regel keine Wahl, wenn sie qualifiziert arbeiten wollen.

Gehen Sie davon aus, dass fast alle Kinder, fast alle Eltern und fast alle Erzieherinnen in ganz normalen Umständen leben – entsprechend dem, was die Gesellschaft an Vielfalt zulässt und was immer dies in der Realität des täglichen Lebens heißen mag.

6. Prinzip

Nicht jede Gesellschaft kann sich Kindertageseinrichtungen leisten, denn sie kosten Geld und andere Ressourcen. Eine Gesellschaft muss recht wohlhabend und überzeugt davon sein, dass Kindertageseinrichtungen eine lohnende Investition in die Zukunft sind. Kindertageseinrichtungen werden dort gebaut, wo das Familienleben möglicherweise beeinträchtigt, aber keineswegs zerstört ist, und wo Kinder einen Großteil des Tages in der Familie verbringen, wo aber zusätzliche Bildung und Betreuung erforderlich ist. Die Eltern stehen grundsätzlich zur Verfügung, auch wenn sie erwerbstätig sind.

Wo Menschen in Not sind, auf der Flucht oder in Lagern leben, gibt es keine Kindertageseinrichtungen im eigentlichen Sinne, gibt es keine frühkindliche Förderung.

Was trifft auf die Gesellschaft zu, in der Sie leben?
Es gibt Plätze in Kindertageseinrichtungen für jedes fünfte, jedes dritte oder fast jedes Kind.
Erwerbstätige Eltern erhalten eher einen Platz für ihre Kinder als Eltern, die ihn aus pädagogischen Gründen wünschen.
Die Aufnahmekriterien orientieren sich an Notsituationen.

Bestimmte Bevölkerungsgruppen sind vom Angebot an Kindertageseinrichtungen ausgeschlossen, weil die Plätze teuer sind, weil die Bevölkerungsgruppen diskriminiert werden, weil die Einrichtungen nicht mit ihren Erziehungszielen übereinstimmen.

Wenn wir annehmen, dass fast alle Eltern so leben, wie es in ihrer jeweiligen Gesellschaft als üblich, normal oder allgemein akzeptiert gilt, können wir folgern, dass sie – bis auf wenige Ausnahmen – die Spanne des gesellschaftlich akzeptierten Umgangs mit Kindern repräsentieren. Sie mögen unterschiedliche Vorstellungen haben, sie mögen entgegen den Ratschlägen und Empfehlungen professioneller Erziehungsberater handeln, doch die meisten Eltern erziehen ihre Kinder dem allgemeinen Verständnis und den Gesetzen entsprechend. Es gibt daher keinen Grund für den pauschalen Vorwurf, Eltern würden sich nicht um ihre Kinder kümmern.

Dieses Prinzip entlastet die Erzieherinnen. Sie können aufatmen. Sie brauchen nicht in permanentem Alarmzustand zu leben, denn andere Menschen sorgen sich ebenfalls um das Wohl der Kinder. Nur anders.

Um nicht falsch verstanden zu werden: Aussagen wie die obigen gelten nur allgemein; sie sollen den Grundsatz verdeutlichen. Daneben gibt es Ausnahmesituationen, in denen Erzieherinnen besonders wachsam sein sollten. Dazu gehören eindeutig die Fälle von Kindesvernachlässigung oder Kindesmissbrauch. Jeder Fall ist ein Fall zu viel. Andererseits darf ein einzelnes aufgedecktes Vergehen nicht zu generellen Annahmen und Aktionen verleiten.

Es gibt Kinder, die riskant leben, weil die Umstände, in die hinein sie geboren wurden, alles andere als ideal sind. Erzieherinnen kennen solche erhöhten Risiken. Sie wissen, dass es eben nicht die durchschnittlichen Lebensumstände und Chancen sind, die die Gesellschaft diesen Kindern gewährt.

Und es gibt Kinder, deren Eltern aus ethnischen, religiösen, traditionellen oder anderen Gründen gänzlich andere Einstellungen zu Erziehung und Kinderrechten vertreten als die gesellschaftlich akzeptierten - sofern sie bekannt sind. Nehmen wir als Beispiel die Beschneidung von Mädchen, die auf Grund von Immigration auch hierzulande manche Mädchen gefährdet. In diesen und ähnlichen Fällen können die Maßstäbe der elterlichen Erziehungsvorstellungen gar nicht oder nur eingeschränkt respektiert werden. Die Individualrechte der Kinder, hervorgehend aus den allgemeinen Menschenrechten oder der Landesverfassung - zum Beispiel das Recht auf körperliche Unversehrtheit -, sind als höherwertig zu betrachten und müssen durchgesetzt werden.

Doch wieder zurück zum Thema: Wir können weiter folgern, dass (fast) alle Eltern das Beste für ihr Kind tun, was ihnen möglich ist. Es gibt keinen Grund, die Anstrengungen und Erfolge von Eltern gering einzuschätzen. Wir selbst mögen für unsere Kinder andere Werte verfolgen, andere Ziele vorziehen und konsequenteres Erziehungshandeln anstreben. Das heißt aber nicht zwangsläufig, dass wir bessere Eltern oder Erzieherinnen sind.

Wenn Eltern in der Regel die Spanne des gesellschaftlich akzeptierten Umgangs mit Kindern repräsentieren, stehen ihre Ansichten stellvertretend für das allgemeine Gedankengut der jeweiligen Gesellschaft in Bezug auf Kindererziehung - zu Hause und in der Kindertageseinrichtung. Ihre Ansprüche an die Erziehung sind hier wie dort nicht nur als individuell-zufällige Meinungen zu interpretieren, sondern auch als gesellschaftlich akzeptierte Erwartungen, mit denen Erzieherinnen sich auseinander setzen müssen.

Berücksichtigen Sie, dass die Fachlichkeit der Pädagoginnen und Pädagogen auf das Wissen und den Sachverstand der Eltern angewiesen ist.

7. Prinzip

Jede pädagogische Arbeit mit Kindern, so fundiert sie auch immer sein mag, kommt ohne die Zustimmung der Eltern nicht zum vollen Erfolg. Eltern erziehen nicht nur intuitiv. Ihr Erziehungsverständnis unterscheidet sich sicherlich von dem professioneller Erzieherinnen, aber es ist deshalb nicht von minderem Wert. Sie sind die ersten und meistens die wichtigsten Bindungspersonen für ihr Kind. Sie sind die Sachverständigen (Experten) für ihr Kind, für sich selbst und für ihre Lebensumstände.

Stimmen Sie diesen Aussagen zu?
Eltern sind keine Ursache von Schwierigkeiten.
Bei Problemen führt der Weg zu adäquaten Lösungen nur über die Eltern oder in die Irre.

Erziehung sollte keine Veranstaltung sein, in der Kinder unterschiedslos mit Angeboten zur Erweiterung ihrer Fähigkeiten und Fertigkeiten konfrontiert werden. Frühkindliche Förderung setzt an den individuellen Interessen, Fähigkeiten und Fertigkeiten der Kinder an. Ihre genaue Kenntnis ist eine wichtige Voraussetzung, um darauf aufbauen zu können. Erzieherinnen erleben ein Kind in der Regel nur an einem Teil des Tages. Sie kennen das Kind nur in der besonderen Situation *Kindertageseinrichtung*. Sie erleben die Handlungen und Reaktionen des Kindes innerhalb des von ihnen gestalteten Rahmens. Sie wissen selten, ob ein Kind sich in anderen Zusammenhängen anders verhält und welche Kompetenzen es dann zeigt.

Eltern kennen ihr Kind seit seinem ersten Lebenstag. Sie wissen vieles, was sie einer Erzieherin mitteilen würden – wenn sie wüssten, dass ihr Wissen als eine Grundlage der pädagogischen Arbeit angesehen wird. Eltern tragen gern zum Wohlergehen und zur Entwicklung ihres Kindes bei, wenn ihre Erziehungsvorstellungen nicht abgewertet, sondern einbezogen werden. Eltern kooperieren, wenn sie eine wichtige Aufgabe erfüllen können.

Kinder profitieren von der *Zusammenarbeit* der Erzieherinnen und Eltern, denn dann werden ihnen keine Loyalitätskonflikte aufgenötigt. Erzieherinnen profitieren vom speziellen Wissen der Eltern, das ihre Basiskenntnisse über die Kinder und deren Lebensumstände erweitert. Sie können auf dieser Grundlage fundiert planen und differenziert reagieren. Das heißt, die Qualität der pädagogischen Arbeit steigt, und in der Folge wächst die gesellschaftliche Anerkennung der Tätigkeit von Erzieherinnen.

Beispiel 1: Im englischen Corby tragen die Eltern durch protokollierte Beobachtungen der Kinder zu Hause Entscheidendes zu den pädagogischen Angeboten in der Tageseinrichtung bei. Diese Tagebuchaufzeichnungen sind für die Erzieherinnen eine Hauptquelle der Information über das Kind. Die Eltern – meistens Mütter – finden heraus, an welchem *Thema* ihr Kind gerade interessiert ist. All das passiert in einer Gegend, in der die Menschen kaum Arbeit und selten qualifizierte Schulabschlüsse haben.

Beispiel 2: Einer Erzieherin gelang es nicht, ein Kind beim Einschlafen zu unterstützen, obwohl es erkennbar müde war. Sie wusste nicht, dass das Kind zu Haus – entsprechend der Tradition – in einem großen Tuch in den Schlaf geschaukelt wurde.

Der Zweck der Einrichtung umreißt ungefähr die Handlungsmöglichkeiten (siehe 3. Prinzip). In diesem Rahmen haben Erzieherinnen die Wahl; sie können das Wissen der Eltern ablehnen oder für die pädagogische Arbeit nutzen.

Die Wertschätzung der Eltern als Sachverständige für ihr Kind erweitert die Basis der Zusammenarbeit mit ihnen und erhöht zugleich die Chance für eine Auseinandersetzung.

Eltern als Experten anzuerkennen heißt, ihnen zuzuhören, ihre Ansichten ernst zu nehmen, sie zu stärken. Starke Eltern sind nicht überall erwünscht. Sie sind nicht bequem, bereiten Mühe, ängstigen manche Erzieherinnen. Starke Eltern sind keine attraktive Perspektive für jede Erzieherin und alle Träger von Tageseinrichtungen.

In der Tat treten manche Konflikte zwischen Eltern und Einrichtung hervor, wenn Eltern sich trauen, ihre Standpunkte, Wünsche und Ideen vorzutragen. Doch ich bin sicher, die Stärke der Eltern erzeugt keine neuen Konflikte, sondern legt nur vorhandene offen, die dann – endlich – gemeinsam bearbeitet werden können.

Engagement und Stärke der Eltern zu verhindern, das erscheint demgegenüber als der einfachere Umgang mit ihnen. Vergessen wird dabei, wie viel Energie es kostet, Auseinandersetzungen und Konflikte unter dem Teppich zu halten. Vergessen wird, dass nicht jede Auseinandersetzung ein Konflikt ist. Vergessen wird, dass Auseinandersetzungen Menschen weiter und einander näher bringen können – und das gilt sogar für Konflikte.

Ein Beispiel: Qualitätsindikatoren für Kindertageseinrichtungen aus Birmingham (England)
Wird das Wissen der Eltern über ihr Kind angehört, respektiert und wertgeschätzt?
Werden der familiäre Hintergrund und die Sprache respektiert und angenommen?
Werden die Ansichten der Eltern über die Einrichtung angehört?

Erzieherinnen befürchten mitunter, dass ihr fachliches Ansehen Schaden nimmt, wenn sie Eltern als Sachverständige für Erziehung anerkennen. Ich glaube nicht, dass diese Annahme zutrifft. Natürlich kommt es darauf an, wie Fachlichkeit von Erzieherinnen definiert wird oder woran sie sich misst. Gelten Ärzte, Lehrer, Psychologen als Orientierung, deren Professionalität die Einmischung von außen verbietet? Dann muss in jeder Einrichtung und bei jedem Träger geklärt werden, ob Eltern in der frühkindlichen Förderung nicht besser als *Außenstehende* angesehen werden sollen.

Doch sind die oben angeführten Berufe tatsächlich eine passende Orientierung für Erzieherinnen? Nein, denn die Fachlichkeit von Erzieherinnen erfordert die kompetente Einbeziehung von Eltern. Außer im Umgang mit Kindern beweist sich die Qualität pädagogischer Professionalität auch in der *Zusammenarbeit* und der Auseinandersetzung mit Eltern.

In den letzten Jahren denken auch Ärzte um. Sie wissen inzwischen, dass sie die Ursachen von Beschwerden besser analysieren können, wenn sie die Patienten aktiv einbeziehen. Sie haben erkannt, dass fast alle Leiden psychologische Komponenten haben. Heilungserfolge sind hochgradig vom Mitwirken der Patienten abhängig.

Erzieherinnen müssen ihre Arbeit darstellen und begründen – Eltern müssen ihr Handeln nicht rechtfertigen.

8. Prinzip

Das achte Prinzip wird in zwei Zusammenhängen begründet. Im ersten geht es um Prioritäten in der Erziehung, im zweiten wird gefragt, welche Prioritäten als Grundlage für die Zusammenarbeit zwischen Erzieherinnen und Eltern genutzt werden können.

Sind Sie einverstanden?
Ohne Eltern keine Kinder.
Ohne Kinder keine Kindertageseinrichtungen.
Ohne Kinder keine Arbeitsplätze für Erzieherinnen.
Erzieherinnen werden für Informationen an Eltern und Kinder bezahlt.

Die meisten Staaten schützen die Erziehungsrechte von Eltern, besonders auch gegen Eingriffe staatlicher Stellen. Haben die Kinder aber ein bestimmtes Alter erreicht, beansprucht fast jeder Staat doch ein eigenes Recht über die Kinder. Sie unterliegen dann der Schulpflicht.

Für die ersten Lebensjahre gibt es meines Wissens nirgends eine Regelung, die Kinder zur Teilnahme an Angeboten frühkindlicher Förderung verpflichtet. Nimmt man die UN-Konvention über die Kinderrechte als Indikator, besteht weltweit Einigkeit darüber, dass die Verantwortung für die Erziehung und Entwicklung von Kindern vor der Schule bei den Eltern liegen. Einzig sie entscheiden, wie sie dieser Verantwortung nachkommen. Vielleicht entscheiden sie sich für ein zusätzliches Betreuungs- und Bildungsangebot außerhalb der Familie?

Doch frühkindliche Förderung ist nicht mehr ausschließlich Privatangelegenheit. In vielen Ländern werden Kindertageseinrichtungen als ein wichtiges Glied im Bildungssystem angesehen. Wo die Teilhabe von Kindern an solchen Angeboten auch im gesellschaftlichen Interesse liegt, werden sie staatlich gefördert.

Gleichwohl behalten Eltern alle Rechte über ihr Kind, wenn sie es für einige Stunden am Tag in die Obhut einer Erzieherin geben – und zwar auch während dieser Zeit. Sie können erwarten, dass sie genügend Informationen über ihr Kind, seine Entwicklung, die mit ihm angestrebten Ziele, seine Erlebnisse während des Tages, seine Versorgung, sein Befinden und anderes mehr erhalten, weil sie sonst ihre Rechte nicht angemessen wahrnehmen können.

Erfüllen Erzieherinnen das elterliche Recht auf Information, lässt sich lapidar sagen, dass sie die gesetzlichen Vorgaben einhalten und fachlich sowie staatsbürgerlich korrekt handeln. So bedeutsam diese formale Seite des Rechts auf Information für die Eltern ist, das zugleich die Pflicht zur Information für die Erzieherin begründet, so sehr erinnert diese Seite an eine reine Geschäftsgrundlage und so wenig inspirierend wirkt sie im Alltag. Daher mag, weil für Erzieherinnen wichtiger, die Notwendigkeit eines funktionierenden Informationsflusses aus dem wahrscheinlichen Erfolg abgeleitet werden. Gute Ergebnisse, befriedigendes Feed-back, neue Ideen und abwechslungsreicheres Arbeiten werden ermöglicht, wenn Erzieherinnen ihr Wissen nicht für sich behalten.

Informierte Eltern geben über kurz oder lang Informationen zurück. Dadurch werden die Handlungsgrundlagen und -möglichkeiten der Erzieherin erweitert (siehe 7. Prinzip), die Qualität der pädagogischen Arbeit steigt.

Über Informationen

Für Informationen gibt es eine *Bringeschuld.* Das bedeutet: Wer über wesentliche Informationen verfügt, muss sie von sich aus übermitteln. Für einen potentiellen Empfänger ist es unzumutbar, fortdauernd nachfragen zu müssen, ob wichtige Informationen vorliegen.

Informationen müssen in verständlicher Form bereit gehalten werden. Maßstab hierfür ist der Empfänger.

Information der einen (verpflichteten) Seite für die andere (berechtigte) Seite ist die Minimalform von Zusammenarbeit, gegenseitige Information ist bereits ihre nächste Entwicklungsstufe. Drastisch ausgedrückt: Wenn sonst nichts läuft, müssen wenigstens Informationen fließen.

Fast ausnahmslos sind Eltern am Wohlergehen ihrer Kinder interessiert. Sie wollen nicht ausgeschlossen werden von deren Erlebnissen in den Stunden, in denen sie nicht zur Verfügung stehen. Eltern sind interessiert und innerlich beteiligt. Es kommt darauf an, die Teilhabe aktiv werden zu lassen. Dazu brauchen Eltern schon vor der Aufnahme ihrer Kinder Informationen.

Die *Zusammenarbeit* mit Eltern beginnt, wenn die Einrichtung ihnen ermöglicht, sich zu informieren – wenn und sobald sie es selbst wünschen. Gute frühkindliche Förderung strebt dennoch das ausführliche Gespräch mit Eltern an und beachtet, dass es nicht zu einem Interview gerät, bei dem die professionelle Seite fragt und die andere Seite Auskunft erteilen muss.

Auf gehobenem Niveau ist die *Zusammenarbeit* von Erzieherinnen und Eltern angelangt, wenn beide Seiten zu gegenseitiger Information fähig sind. Für die Erzieherin ist die Information der Eltern sowohl rechtliche als auch fachliche Verpflichtung. Für die Eltern sind Informationen an die Erzieherin nur dann verpflichtend, wenn sie die Grundlagen der Betreuung des Kindes betreffen, also wer das Kind abholen darf, ob es Fieber hat, schwimmen darf oder gegen etwas allergisch reagiert.

In allen anderen Fällen kann eine Erzieherin jede Information, die sie von den Eltern erhält, als Vertrauensbeweis werten.

Seitenlang schreibe ich nun schon über *Eltern.* Wer sind sie? Was wünschen sie? Was brauchen sie? Was aus ihrem Leben wollen sie der Erzieherin ihres Kindes erzählen? Was glauben sie mitteilen zu müssen? Wollen sie die Erziehung des Kindes unterstützen? Erhoffen sie selbst Unterstützung? Suchen sie diese bei der Erzieherin? Oder suchen sie – bewusst – ganz andere Hilfsinstitutionen und lehnen jedes Angebot deshalb selbstbewusst und freundlich dankend ab? Entziehen sie sich mit schlechtem Gewissen?

Erzieherinnen und Eltern benötigen viele Grundinformationen, bevor es zu einem Austausch intensiver oder sogar vertraulicher Informationen kommen kann. Die Informationswege und -gelegenheiten müssen von der Erzieherin arrangiert werden. In dem Moment, in dem sie damit beginnt, ihre Arbeit transparent zu gestalten, beginnt der Informationsprozess. Er setzt sich fort, wenn die Erwartungen und Kommentare der Eltern in Bezug auf die pädagogische Arbeit wirklich willkommen geheißen werden.

Wenn etwas schief läuft – unterstellen Sie unklare Absprachen oder ernst zu nehmende Gründe für das Verhalten der Eltern. Eltern wollen Sie weder enttäuschen noch kränken.

9. Prinzip

Sogar enge Freunde sind nicht vor Missverständnissen gefeit. Auch langjährige Partner treffen manchmal unklare Absprachen. Trotz guter Absichten misslingt vieles. Es genügt eben nicht, dass beide Seiten etwas zusammen erreichen *wollen*. Zusammenarbeit ist kompliziert und anfällig für Fehler.

Kommt Ihnen das bekannt vor?
Jetzt haben wir uns so viel Mühe gegeben, und dann kommen so wenige Eltern...
Das nehmen sowieso immer nur die gleichen Eltern in Anspruch...
Diejenigen, die es nötig haben, sind sowieso nicht ansprechbar...
Wir haben vorher noch alle Mütter extra angesprochen und trotzdem so wenige Kuchen, so wenige Helfer, so wenig Interesse...

Dieses Prinzip erscheint in zwei Varianten.

Die erste Möglichkeit: Erzieherinnen machen sich Gedanken, was sie den Eltern bieten können, und werden enttäuscht, wenn Eltern keinen Gebrauch davon machen.

Die zweite Möglichkeit: Erzieherinnen wünschen sich engere *Zusammenarbeit* mit den Eltern und erwarten, dass diese sich in der Einrichtung engagieren.

Variante 1

Nehmen wir an, das Team einer Kindertageseinrichtung hat bemerkt, dass einige Kinder zu Hause weder Spielzeug noch Bilderbücher haben. Gründe könnten das geringe Einkommen der Eltern sein, deren Ansicht, so kleine Kinder brauchten all dies nicht, oder die Eltern setzen andere Prioritäten...

Das Team entwickelt ein Konzept für eine Spielzeug-Bibliothek und setzt es schrittweise um. Als kurzfristige Aktion beschließt das Team, eine Elternversammlung zum Thema »Spielzeug und Bücher in früher Kindheit« durchzuführen und lädt dazu eine namhafte Dozentin ein. Zur Unterstützung der Eltern richten die Erzieherinnen einen Babysitter-Dienst ein. So werden die Eltern von der aufwändigen Suche nach einem Babysitter entlastet und müssen sich mit der Frage, ob er oder sie denn verantwortungsvoll mit dem Kind umgehen wird, nicht quälen. Beruhigt können sie abends außer Haus gehen.

Als Neuerung ganz anderer Art wird eine Elternecke eingerichtet, in der Wasser, Tee und Kaffee bereit stehen, wenn Eltern nach der Arbeit pünktlich, aber abgehetzt in der Einrichtung eintreffen.

Allen Mühen und guten Absichten zum Trotz erleben Erzieherinnen, dass ihre zusätzlichen Angebote nicht im erhofften Umfang nachgefragt werden. Vielleicht sind sie nicht wirklich nötig. Vielleicht fanden Eltern, als sie nach ihrer Meinung gefragt wurden, die Idee reizvoll, aber die Ausführung, der Zeitpunkt, die Kosten oder der Aufwand entsprachen nicht ihren Vorstellungen oder Möglichkeiten. Vielleicht fanden sie eigene Lösungen. Oder vielleicht trinken sie ihren Kaffee lieber zu Hause, wo sie die Füße hoch legen können.

Zurück bleiben ratlose Erzieherinnen, die mit Enttäuschung auf die Eltern und ihr angeblich mangelndes Interesse reagieren.

Es ist gut möglich, dass auch die Eltern verwundert und enttäuscht sind. Haben die Erzieherinnen nichts Besseres zu tun, als sich zusätzliche Angebote auszudenken? Ist dafür die Kindertageseinrichtung da? Es gibt doch...

Vorrang sollen die Kinder haben! Die Erzieherinnen sollten ihre Zeit und Kraft besser mit ihnen und für sie aufwenden.

Variante 2

Erzieherinnen fordern Eltern auf, an der Jubiläumsfeier der Einrichtung teilzunehmen. Sie geben deutlich zu erkennen, dass ein Beitrag in Form eines gespendeten Kuchens, eines Salates oder ähnliches als Zeichen guter Zusammenarbeit gern gesehen wird. Denkbar auch ohne Fest: Erzieherinnen machen Eltern auf die Möglichkeit aufmerksam, mit praktischen Arbeiten in der Einrichtung zum Wohl der Kinder beitragen zu können. Sie präsentieren ihre Idee (»schlagen vor«), einen Gruppenraum zu renovieren oder den Spielsand zu säubern.

Schwingt da mit, die Eltern könnten beweisen, dass sie *gute Eltern* sind, wenn sie sich rege beteiligen? Wem müssen sie das beweisen?

So weit will ich das Beispiel gar nicht erst zuspitzen. Problematisch wird es schon vorher, nämlich dann, wenn die Eltern nur Beiträge abliefern dürfen, die den Wünschen und dem Geschmack der Erzieherinnen entsprechen. Problematisch wird es, wenn Eltern nur zuarbeiten oder Vorgaben erfüllen dürfen. Ist es dann tatsächlich so abwegig, dass *wieder nicht genügend* oder *wieder nur dieselben* Eltern aktiv dabei sind? Verwunderlich wäre es nicht, wenn die Bitten der Erzieherinnen als Reaktion darauf erst in Appelle an die Eltern übergingen: »Das nächste Mal sollten sich mehr beteiligen, bitte schön!« Im Falle des Wiederholungsfalls lässt die Enttäuschung dann nicht mehr auf sich warten: »Hat ja doch keinen Zweck! Die Eltern haben kein Interesse...«

Würden Erzieherinnen in solchen Situationen nicht gekränkt reagieren, sondern von gegenseitigen Missverständnissen ausgehen – und zwar im ureigenen Wortsinn des einander falsch Verstehens –, könnten sie die Gründe dafür erkennen. Drei Erklärungsmöglichkeiten, die zum obigen Beispiel passen und meiner Ansicht nach ernst zu nehmende Begründungen enthalten, seien aufgezählt:

1. Die Erzieherinnen verstehen die aktuellen Lebenssituationen der Eltern falsch. Die ernst gemeinte Bitte um Mitarbeit könnten die Eltern auch schon zu oft gehört haben. In der Regel müssen Eltern weiteren Verpflichtungen außerhalb der Einrichtung nachkommen. Indem sie nicht teilnehmen oder nichts beitragen, schützen sie sich vor Überlastung – auch zum Wohl der Familie.

2. Die Erzieherinnen haben die Idee zur Veranstaltung und die Planung perfekt durchdacht. Mit ihren Beiträgen dürfen Eltern die eingeplanten Lücken füllen. Ihre kreativen Ideen hingegen finden keinen Raum. In diesem Falle mögen Eltern sich benutzt vorkommen und ziehen sich deshalb zurück.

3. Die Erzieherinnen haben übersehen, dass sie von den Eltern Mithilfe *erbaten*. Bitten aber darf man ungestraft abschlagen, sonst sind es keine. Außerdem: Hilfe hat nichts mit wirklich wichtiger Arbeit zu tun. Mithilfe noch weniger. Sie ist zusätzlich und wird im Grunde nicht gebraucht. Eltern könnten sich unterfordert fühlen und bleiben deshalb weg.

Werden die tatsächlichen Umstände nicht ergründet, wird die Zusammenarbeit von Erzieherinnen und Eltern sich zukünftig kaum verbessern.

Es ist gut möglich, dass auch die Eltern verwundert und enttäuscht sind. Sie mögen denken:

- Wir bezahlen doch genug, warum sollen wir auch noch arbeiten?
- Wir bezahlen doch, damit andere arbeiten.
- Das ist ja alles ganz schön, aber die Mühe sollte lieber direkt den Kindern zukommen.
- Was die Erzieherinnen möchten, traue ich mir gar nicht zu.
- Was die Erzieherinnen möchten, ist nun wirklich zu albern.
- Wenn sie gefragt hätten, ob ich ... übernehmen würde, hätte ich zugestimmt.
- Habe ich das richtig verstanden, dass ich nicht teilnehmen kann, wenn ich nichts beitrage?
- Ich gehe nicht hin, wenn ich nichts beitrage. Das ist mir zu peinlich.
- Können die Erzieherinnen nicht ein Mal nach einer Unterstützung fragen, die ich geben kann?

Sprechen Sie über Kompetenzen und Ressourcen, nicht über Defizite.

10. Prinzip

Am Ende des vorigen Kapitels legte ich fiktiven Eltern die Frage in den Mund: »Können die Erzieherinnen nicht ein Mal nach einer Unterstützung fragen, die ich geben kann?« Damit deute ich die unbefriedigende Situation an, dass Erzieherinnen sich die *Mitarbeit* von Eltern wünschen und Eltern auch einen *Beitrag* leisten wollen, beide Seiten aber trotzdem nicht zusammen kommen. Das 10. Prinzip liefert hierfür ein weiteres Erklärungsmuster.

Erneuter Klärungsbedarf
Erzieherinnen und Eltern reden aneinander vorbei, wenn die einen *Mitarbeit* wünschen und die anderen einen *Beitrag* leisten wollen. Sie gebrauchen unterschiedliche Wörter und haben unterschiedliche Erwartungen aneinander.
Erzieherinnen wollen von Eltern etwas (Mitarbeit) zusätzlich bekommen. Was geben sie dafür zusätzlich?
Eltern wollen etwas leisten – wird jeder Beitrag gleich geschätzt?
Ist *Mitarbeit* gleichbedeutend mit *Zusammenarbeit*?

Ein symptomatisches Beispiel: Die Erzieherinnen haben sich *etwas Schönes und Wichtiges* überlegt – etwa ein Fest oder eine Spielaktion – und wünschen sich nun die *Mitarbeit* der Eltern, damit ihre Idee Wirklichkeit werden kann. Spielen die Eltern nicht mit, sind Enttäuschung oder Ärger typische Reaktionen.

Es kann immer etwas schief gehen (siehe 9. Prinzip). Was kann passiert sein?

Die Erzieherinnen haben ihren Wunsch nach Mitarbeit der Eltern mit einer Aufforderung dazu verwechselt. Oder sie haben nicht bemerkt, dass sie die Situation wie ihre pädagogische Arbeit arrangiert haben.

Am pädagogischen Angebot für die Kinder lässt sich verdeutlichen, was abläuft. Die Erzieherin hat sich lange vorher eine *wichtige und schöne* Aktion ausgedacht, die von der Kindergruppe nun ausgeführt werden soll. Weil mit dem Widerstand der Kinder gerechnet wird, lernen Pädagoginnen, dass Kinder motiviert werden müssen. Sie sollen doch etwas lernen oder üben, sollen also die nächste Stufe auf der Kompetenzleiter erklimmen. Das funktioniert nur bedingt, denn Kinder lernen vor allem das, was sie lernen wollen, und nicht das, was sie lernen sollen. Sie sind aktiv beteiligt, wenn sie Einfluss auf das Angebot nehmen können und nicht bloß nachmachen, ausführen oder mitarbeiten sollen.

Was bei Kindern nur sehr eingeschränkt klappt, kann auch Eltern nicht begeistern. Kein Wunder, wenn die Resonanz auf den Wunsch zur *Mitarbeit* gering ist, denn erbeten wird nur reine Ausführungstätigkeit. Bei dieser Arbeitsmethode ist das Risiko des Scheiterns für die Erzieherinnen groß, weil niemand gern nur ausführt, was andere für ihn erdacht haben:

Niemand will für Hilfsdienste eingesetzt werden. Das wird als unwürdig empfunden.

Niemand will nur ausmalen, was von Erzieherinnen vorgezeichnet ist. Das wird als langweilig empfunden.

Niemand will in eine Lage kommen, die an eine abhängige Lernsituation erinnert. Das wird als unangenehm empfunden.

Eltern entziehen sich solchen Situationen, weil sie keine Konfrontation mit Erzieherinnen suchen, deren Mühen sie grundsätzlich anerkennen. Sie wollen keine Zielgruppe pädagogisch gemeinter Aktionen sein, sondern am Leben ihrer Kinder teilhaben und deren Zukunft gestalten. Wer seine Stärken anwenden kann, weil sie wirklich gebraucht werden, muss nicht dazu motiviert werden.

Eltern werden in dem Maße mitarbeiten, das nach ihrem Verständnis zum gegebenen Rahmen passt. Zeigen sie sich bereit für ein Engagement, ist es ratsam, nicht nach Lücken zu suchen (Was brauchen wir?) und die Eltern zum Auffüllen einzusetzen. Besser ist es, die Eltern nach ihren Ideen zu fragen. Welche Anregungen fallen ihnen ein?

Anschließend werden die Vorschläge gemeinsam gesichtet und Beschlüsse über die (Reihenfolge der) Realisierung gefasst. Den Eltern wird Gelegenheit gegeben und Unterstützung geboten, um ihre Beiträge umzusetzen.

Erzieherinnen können auf die Ideen der Eltern und deren Fähigkeiten vertrauen. Es gibt davon mehr, als auf den ersten Blick zu erkennen ist. Eltern verfügen über riesige Kompetenz-Pakete, die sie zu Hause, in einem Verein, in einer Bürgerinitiative oder im Beruf brauchen. Wie viele davon werden in der Kindertageseinrichtung geöffnet?

Ein Beispiel: In einem Programm zur Organisationsentwicklung von Kindertagesstätten (»Step by Step«) heißt es: Jede Mutter, jeder Vater kann auf irgend einem Gebiet Lehrer sein.

Wenn Eltern nicht nur Adressaten pädagogischer Programme von Erzieherinnen sind, sondern *Lehrerinnen und Lehrer* der Kinder, erscheint die Idee plausibel, dass sogar Erzieherinnen von Eltern lernen können. Dieser Gedanke kann die übliche, in der Ausbildung erworbene Haltung zur Professionalität zeitweise ins Gegenteil verkehren, weil Erzieherinnen wieder zu Lernenden werden.

Im 4. und 5. Prinzip habe ich deutliche Zweifel an dem Berufsbild der unantastbaren Erzieherin geäußert, weil ich denke, dass nicht die Exklusivität diesen Beruf ausmacht, sondern die Kompetenz, mit anderen zusammenzuarbeiten und sich gemeinsam weiter zu entwickeln. Dazu ist es nötig, in wechselnden Rollen als Lehrende und Lernende in Erscheinung zu treten, weil auf diesem Weg die Kompetenzen der Eltern als gleichberechtigt anerkannt werden und die Kultur der *Zusammenarbeit* als wechselseitiges Geben und Nehmen zu erleben ist.

Das Prinzip, über Kompetenzen und Ressourcen zu sprechen, wirkt auch förderlich in den regelmäßigen Gesprächen mit Eltern über ihr Kind. Wenn Eltern befürchten müssen, dass Entwicklungs- oder Verhaltensdefizite ihre Kindes thematisiert werden, treibt sie das förmlich dazu, das Gespräch zu meiden. Niemand hört gern Unangenehmes. Zwar dürfen gravierende, nachhaltige Beeinträchtigungen der kindlichen Entwicklung kein Tabu werden, denn sonst würde notwendige Unterstützung verhindert, aber für die Mehrzahl der Kinder trifft diese Situation nicht zu.

Unerwünschtes Verhalten der Kinder in der Tageseinrichtung wird oft als Verhaltens*defizit* gesehen, für das die Eltern verantwortlich sind. Ich denke aber, dass es sich dabei eher um *zusätzliche* Verhaltensweisen handelt. Warum sollten sie sonst abgestellt werden? Außerdem sehe ich das Problem der Übertretung von Regeln – meist wird unerwünschtes Verhalten daran festgemacht – als ausschließliche Angelegenheit zwischen Erzieherin und Kind. Eltern dürfen damit nicht behelligt werden.

Petzende Erzieherinnen erreichen nichts. Vielleicht hoffen sie, dass die Eltern zu Hause auf das Kind einwirken, und merken nicht, dass sie ihre Erziehungskompetenz abgeben. Das Kind spürt die Hilflosigkeit seiner Erzieherin und wird sich zu Hause weiterhin anders verhalten als in der Einrichtung. Seine Eltern werden sich anfangs über die Schilderungen der Erzieherin wundern, denn sie haben solche Probleme mit ihrem Kind nicht. Mit der Zeit werden sie merken, dass sie *zur Nachbesserung* veranlasst werden. Mit anderen Worten: Die Eltern erkennen, dass eigentlich sie kritisiert werden. Jedes vermeintliche Defizit eines Kindes, das die Erzieherin gegenüber dessen Eltern erwähnt, hat die Wirkung einer versteckten Anklage oder einer Schuldzuweisung. Bleiben den Eltern andere Reaktionen als Abwehr oder Rückzug?

> Ein Beispiel:
> Regel Nr. 9 von 26 aus einer Kindertageseinrichtung:
> Wenn Du ein anderes Kind ohrfeigst, trittst, schlägst oder mit ihm kämpfst, wirst Du verwarnt. Tust Du es wieder, müssen wir Dein Verhalten Deinen Eltern mitteilen.

Wird das 10. Prinzip berücksichtigt, gibt es viele Gesprächsthemen für Erzieherinnen und Eltern. Erzieherinnen erleben das Kind in anderen Situationen als seine Eltern und über lange Zeit während des Tages. Durch Gespräche über seine Interessen, Aktivitäten und Erlebnisse können Eltern am Leben des Kindes teilhaben, auch wenn sie nicht anwesend sind.
Sollen Entwicklungsfortschritte des Kindes besprochen werden, sind Vergleiche mit anderen Kindern oder Entwicklungstabellen mit Durchschnittsangaben ungünstig, denn sie lenken den Blick leicht auf das, was das betreffende Kind nicht kann oder was andere Kinder schon besser können. Doch das ist nicht wirklich wichtig. Entscheidend ist, über welche Kompetenzen ein Kind verfügt, welchen Stand es erreicht hat, was der nächste Schritt sein und wie er gemeinsam unterstützt werden könnte.

3. Abschnitt

Sicherung der Zusammenarbeit

Es gibt keine Sicherheit, nur verschiedene Formen von Unsicherheit.

Die Voraussetzungen für den Hausbau sind geklärt, das Fundament ist gelegt. Der Bau wird hochgezogen – aber nicht hier. Die konkreten Arbeitsschritte von der Anwendung der Prinzipien bis zu ihrer Ausgestaltung will ich Ihnen überlassen. Stattdessen biete ich zum Abschluss zwei weitere Prinzipien in einem neuen, kurzen Kapitel an. Jeder Bau muss von Beginn an während aller Entstehungsphasen gesichert werden. Nach seiner Fertigstellung sichern aufmerksame Wartung und sorgfältige Pflege – von Zeit zu Zeit sogar eine Totalrenovierung – das Erreichte. Deshalb ist die geschriebene Reihenfolge mit den sichernden Prinzipien am Ende der Darstellung trügerisch. Die zwei letzten Prinzipien können jederzeit wichtig werden.

Das Erste führt über die *Zusammenarbeit* von Erzieherinnen und Eltern hinaus – nun doch – zum Thema *Partnerschaft*. Ich will damit verdeutlichen, dass *Partnerschaft* sich mit der Qualität der *Zusammenarbeit* entwickeln kann. Wie immer jemand die Begriffe füllen mag, entscheidend ist, dass stets die angemessenen Rechte geschaffen, beachtet und gesichert werden.

Das zweite Prinzip zur Sicherung der *Zusammenarbeit* hebt nochmals die herausragende Rolle der Erzieherin hervor. So sehr die institutionellen Bedingungen, der Arbeitsauftrag und der rechtliche Rahmen die *Zusammenarbeit* beeinflussen, im Alltag entscheidet die Erzieherin, ob sie bei Widrigkeiten den Eltern die Schuld zuweist oder ob sie nach anderen Ursachen forscht.

Um Partnerschaft zu sichern, müssen alle Beteiligten gleiche Rechte haben.

11. Prinzip

Dieses Prinzip weicht von den anderen Prinzipien ab. Es ist nicht als Anforderung an das Handeln von Erzieherinnen formuliert, sondern als Feststellung. Insofern kann es als Voraussetzung verstanden werden.

Das 11. Prinzip bezieht sich nicht auf *Zusammenarbeit*, sondern auf *Partnerschaft*. Es passt trotzdem hierher, weil die Richtung klar wird.

Diese Rückschlüsse sind zulässig:
Um *Partnerschaft* zu erreichen, müssen alle Beteiligten gleiche Rechte haben.
Partnerschaft anzustreben ist erst sinnvoll, wenn allen Beteiligten gleiche Rechte zugestanden werden.

Die Formulierung deutet darauf hin, dass sich das 11. Prinzip von den anderen Prinzipien unterscheidet, deren Anwendung in erster Linie davon abhängt, ob das Team der Erzieherinnen einer Einrichtung sie für richtig hält. Das 11. Prinzip hängt stärker – aber nicht ausschließlich – von den Rahmenbedingungen des Trägers sowie von den gesellschaftlichen und rechtlichen Möglichkeiten ab.

Beteiligungsrechte von Eltern werden kaum von einer Einrichtung allein entschieden. Darum ist es schwierig, *Partnerschaft* zu initiieren und abzusichern, wenn der Träger anderes anstrebt oder wenn diese Form der Zusammenarbeit mit Eltern gänzlich ungewöhnlich und neu für einen Kulturkreis ist.

Wer *Zusammenarbeit* oder gar *Partnerschaft* mit Eltern für erstrebenswert hält, muss nun weder seine Hoffnungen begraben noch tatenlos abwarten, bis die Voraussetzungen sich ändern. Im Gegenteil: Da eine gesellschaftliche Idee wie *Partnerschaft* erst nach und nach Raum greift, muss sich ihre Einführung schrittweise entwickeln. Es wird Widerstand und Rückschläge geben. Aber je größer der Konsens über das Ziel (siehe 1. Prinzip) und je klarer der erreichte Stand für die Beteiligten ist, desto geringer werden die Misserfolge sein.

Für die Vorstufen von *Partnerschaft* kann das Prinzip auch so formuliert werden:

Für jede Form von *Zusammenarbeit* müssen die passenden Beteiligungsrechte geschaffen werden.

Zusammenarbeit ist in vielen Formen und unterschiedlich intensiv möglich. Die Beteiligungsrechte der Eltern müssen zum gewünschten Maß der *Zusammenarbeit* passen. Ein zu kleiner Rahmen führt zu Enttäuschungen, ein zu großer Rahmen zu unerfüllbaren Erwartungen. Aber: In jeder Einrichtung kann begonnen werden.

Zusammenarbeit ist nicht nur abstrakt wichtig. Eltern und Erzieherinnen müssen von Anfang an praktisch erfahren, dass das Mitmachen den dazugehörigen Aufwand wert ist.

Das Engagement sollte darum dort ansetzen, wo sich Erfolge einstellen oder es wenigstens Spaß macht, dabei zu sein.

Aufwand und Engagement lohnen sich, wenn *Zusammenarbeit* nicht nur über begrenzte Zeit gewünscht wird, sondern wenn die Einbeziehung der Eltern, ihrer Ideen und Kompetenzen zur *Kultur* der Kindertageseinrichtung gehört. Äußere Zeichen einer solchen Mitmachkultur sind Regelmäßigkeit und Überprüfbarkeit, zum Beispiel durch schriftliche Absicherung.

Wie sehr das Engagement der Eltern erwünscht wird, ist nicht zuletzt daran abzulesen, auf welche Themen und Inhalte sich deren Rechte erstrecken. Darum ist die obige Aussage, die Rechte von Eltern müssen dem gewünschten Maß der *Zusammenarbeit* entsprechen, in diesem Sinne zu interpretieren: Die den Eltern tatsächlich gewährten Beteiligungsrechte spiegeln das gewünschte Maß der *Zusammenarbeit* wider.

> Ein Beispiel: In Reggio Emilia werden die kommunalen Krippen und Kindergärten von so genannten Elternkomitees geleitet. Ein solches Gremium besteht zur einen Hälfte aus der Elternschaft, zur anderen Hälfte aus Erzieherinnen, der Fachberatung und sogar Nachbarn. Alle gemeinsam entscheiden über den Haushalt, wählen neues Personal aus, sind in die pädagogische Planung einbezogen und anderes mehr.

Solche weitgehenden Elternrechte dienen dazu, einen zur angestrebten *Partnerschaft* passenden Rahmen der Verantwortung zu etablieren. Mitsprache und Teilhabe erschöpfen sich nicht im moralischen Sinn der Verantwortung, sondern sind auch als rechtliche Verantwortung erkennbar.

Um die *Zusammenarbeit* auf eine sichere Basis zu stellen, müssen die formalen Rechte allen Eltern bekannt sein. Sie müssen leichten Zugang zur Einrichtung ermöglichen und für alle Beteiligten von Vorteil sein.

Jede Erzieherin kann sich fragen:

- Welche Rechte haben Eltern in unserer Einrichtung?
- Haben Eltern jederzeit Zutritt?
- Schränken die *Rechte* der Eltern über ihre Kinder in unserer Einrichtung die Rechte ein, die sie außerhalb haben?
- Kann wirklich von *Rechten* gesprochen werden, oder dürfen die Eltern bloß an endlosen Beiratssitzungen teilnehmen?
- Gibt es eine Informations- und Entscheidungsstruktur über die wesentlichen Angelegenheiten der Einrichtung, die Eltern beteiligt?

Die Antworten lassen erkennen, ob *Zusammenarbeit* zwischen Erzieherinnen und Eltern gefördert wird und wie weit Anspruch und Wirklichkeit übereinstimmen. Sie lassen auch erkennen, was von beiden – der Anspruch oder die Wirklichkeit – verändert werden sollte.

Suchen Sie zuallererst in der Institution oder im organisierten Zusammenhang nach Gründen, wenn Eltern nicht mit Ihnen zusammenarbeiten.

12. Prinzip

Die Broschüre richtet sich an Erzieherinnen in Kindertageseinrichtungen. Sie sind meine Zielgruppe, um die *Zusammenarbeit* mit den Eltern zu verbessern. Meiner Auffassung nach liegt die *Aktivitätsvermutung* bei den professionellen Fachkräften. Das heißt, im Zweifel sind sie diejenigen, die die Initiative für die *Zusammenarbeit* ergreifen müssen.

Jede Erzieherin kann ihre Aktivitäten mit dem Blick auf deren direkten Einfluss auf die Eltern planen. Ihr steht es aber auch frei, sich zurückzuhalten und Impulse der Eltern aufzugreifen. Sie kann für Raum und Zeit sorgen, damit Eltern aktiv werden können. Sie kann aber auch auf die Veränderung der Rahmenbedingungen beim Träger der Einrichtung zielen.

Wenn du möchtest, dass Andere sich ändern, fang bei dir selbst mit der Veränderung an.

Meine Auffassung, die Erzieherin müsse bei der *Zusammenarbeit* mit den Eltern aktiv werden, rührt im Wesentlichen aus der Ansicht, dass sie grundsätzlich über die dafür erforderlichen Kompetenzen verfügt, sowie aus der Einsicht, dass sie – neben den Kindern – vermutlich am meisten von der *Zusammenarbeit* profitiert. Die *Aktivitätsvermutung* bürdet der Erzieherin nicht die alleinige Verantwortung für das gesamte Geschehen mit seinen positiven oder negativen Ergebnissen auf, wohl aber ist sie verantwortlich für die Suche nach geeigneten Mitteln und Wegen der *Zusammenarbeit*.

Die Verantwortung endet nicht bei Misserfolgen. Ganz im Gegenteil, füge ich ausdrücklich hinzu. Wenn gewohnte Abläufe oder neue Initiativen keine befriedigenden Ergebnisse in der *Zusammenarbeit* zwischen Erzieherinnen und Eltern (mehr) zeitigen, stellt sich für die Erzieherin die Frage nach dem Warum.

Als Antworten bieten sich an:

- Brauchen wir sowieso nicht mehr, es kommen bald neue Kinder und Eltern.
- Eltern haben – wie immer – kein Interesse.
- Früher waren die Eltern interessierter.

Nach diesen Antworten wird die *Zusammenarbeit* nicht intensiver werden. Die – zugegeben übertriebenen – Beispiele haben neben ihrer Untauglichkeit in der Praxis ein weiteres gemeinsames Element. Sie sind gedanklich auf die Eltern gerichtet, die nur *irgendwie anders sein* müssten, damit den Bemühungen um eine bessere *Zusammenarbeit* mehr Erfolg beschieden wäre. Diesem Denkansatz stelle ich das 12. Prinzip entgegen.

Wenn Eltern nicht in dem Umfang zur *Zusammenarbeit* bereit sind, wie die Erzieherin es sich erhofft, kann es Gründe geben, die unmittelbar mit ihrer Arbeit oder ihrer Herangehensweise zu tun haben. Die Erzieherin müsste daher zuerst sich selbst fragen, was sie anders machen könnte.

Wahrscheinlich ist, dass weitere Faktoren mitwirken. Sie zu identifizieren und zu analysieren ist eine wichtige Voraussetzung, damit sich die weitere Arbeit lohnt.

Wie ist der äußere Rahmen gestaltet? Sind die Zeiten so gewählt, dass Eltern teilhaben können? Verfolgt Ihre Einrichtung ungewöhnliche Zielsetzun-